国家中等职业教育改革发展示范学校规划教材·会计专业

会计分岗实训——主管

主　编　姬玉倩

副主编　尹　静

中国财富出版社

图书在版编目（CIP）数据

会计分岗实训．主管/姬玉倩主编．—北京：中国财富出版社，2015.3

（国家中等职业教育改革发展示范学校规划教材．会计专业）

ISBN 978 - 7 - 5047 - 5689 - 3

Ⅰ.①会… Ⅱ.①姬… Ⅲ.①会计实务—中等专业学校—教材 Ⅳ.①F23

中国版本图书馆 CIP 数据核字（2015）第 086088 号

策划编辑 王淑珍	责任编辑 王淑珍 马 琳		
责任印制 方朋远	责任校对 梁 凡	责任发行 斯 琴	

出版发行 **中国财富出版社**

社　　址　北京市丰台区南四环西路 188 号 5 区 20 楼　　　邮政编码　100070

电　　话　010 - 52227568（发行部）　　　　010 - 52227588 转 307（总编室）

　　　　　010 - 68589540（读者服务部）　　010 - 52227588 转 305（质检部）

网　　址　http://www.cfpress.com.cn

经　　销　新华书店

印　　刷　北京京都六环印刷厂

书　　号　ISBN 978 - 7 - 5047 - 5689 - 3/F·2379

开　　本　787mm×1092mm　1/16　　　版　次　2015 年 3 月第 1 版

印　　张　14.75　　　　　　　　　　　印　次　2015 年 3 月第 1 次印刷

字　　数　234 千字　　　　　　　　　定　价　36.00 元（含活页手册）

国家中等职业教育改革发展示范学校
规划教材编审委员会

前　言

　　本教材结合职业教育改革和发展的实际情况，从岗位能力的要求出发，在分析岗位能力体系的基础上，依据现代学习理论，结合现代教育和课程理念，建立了"工作过程系统化"的课程体系。这个体系按照实际工作任务、工作过程和工作情景开发专业建设标准，形成了以任务引领型为主体的教学模式。教学内容与岗位标准一致，对于推动高技能人才培养非常重要。同时，针对中等职业学校学生的特征，加强其实践能力，提高其专业水平，也是本教材的着眼点。

　　本书在内容体系上突出以下特点：

　　1. 遵循从感性到理性的认知规律，以会计工作过程为导向，用项目和任务设计课程体系，先展示实物，然后归纳理论知识，同时辅助足够的训练，教、学、做合一。

　　2. 与会计岗位紧密结合，按照会计岗位要求设置了相关内容，运用大量表格、图例对相关知识点进行总结归纳，为后期顶岗实习提供了保证。

　　3. 本书通过大量图表表述相关内容，简明扼要地总结了会计基础操作的相关要点。版式、内容设置上尽量考虑中职生的特点需求，力求阅读取得最佳效果。

　　4. 本教材采用"工作过程系统化"的课程体系，适合于边学边做、边讲边练、理论与实践相结合。将专业教育与习惯养成相融合，倡导对中职生的价值观和职业观的培养从基础课开始，是适合中等职业技术学校学生学习、应用专业知识与技能的良好教材。

　　本书由姬玉倩任主编，尹静任副主编，编写人员及具体分工如下：项目一由吕玉杰、李小香编写，项目二由尹静编写，项目三、项目四由姬玉倩编写，项目五由邱蕾、陈燕、何素花编写，会计主管综合业务实训（活页手册）由孔丽霞编写，最后姬玉倩、孔丽霞对全书进行统稿。本教材整体框架及结构由河北经济管理学校孙艳、孟斌、石家庄金桥财务有限公司肖志远、武景慧和金蝶（中国）软件河北分公司张娇统筹指导。同时，也要感谢用友新道科技发展有限公司对本书的悉心指导。

本书可供中职学校的会计专业及财经类相关专业实训教学使用，也可作为在职会计人员或非会计人员的自学用书。

由于编者水平有限，教材中出现不妥之处在所难免，希望广大读者及同行在关注此书的同时提供宝贵意见，以促使我们不断完善和进步。

编　者
2014 年 12 月

目　录

项目一　认知会计主管岗位

【知识与技能目标】

1. 了解会计主管的工作特点；

2. 理解会计主管的工作职能、职责权限；

3. 掌握会计主管日常工作的基本程序和内容。

【过程与方法】

熟悉会计岗位工作流程，理解会计主管在会计核算工作中所处的关键位置，清楚会计主管的工作流程及岗位职责。

【情感态度与价值观】

逐渐养成细心的职业素养，走近会计主管岗位。

任务一　会计主管岗位工作职责

 任务导入

小王到公司财务科实习已经很长时间了，今天实习的岗位是会计主管岗位。他迫不及待地想知道会计主管岗位具体干什么工作。带小王的老会计给他介绍了公司财务预算工作的流程，以及会计主管（财务经理）的工作职责……

 知识准备

一、企业会计工作流程

每个会计人员都应该了解此流程，凭证—汇总—明细账—总账—各种报表等。了解会计流程是非常有必要的，大致环节如下：

（1）审核原始凭证。

（2）根据原始凭证或原始凭证汇总表填制记账凭证。

（3）根据记账凭证登记明细分类账。

（4）根据记账凭证、科目汇总表或汇总记账凭证登记总账。

（5）期末，根据总账和明细分类账编制资产负债表和利润表。

如果企业的规模小、业务量不多，可以不设置明细分类账，直接将逐笔业务登记总账。在实际的会计实务中，要求会计人员将发生的每一笔业务都要登记入明细分类账中，而总账中的数额是直接从科目汇总表中抄过去的。企业可以根据业务量每隔五天、十天、十五天，或是一个月编制一次科目汇总表，如果业务相当大，也可以一天一编。

二、会计主管的岗位职责

会计主管是公司财务部门负责人，直接对公司总经理负责。

会计主管，是指单位会计机构的负责人或主管单位会计工作的技术负责人，是各单位会计工作的具体领导者和组织者，主要负责公司的会计工作。

会计主管岗位职责如下：

（1）贯彻执行国家的财经政策和本公司主要负责人对会计工作的要求，制定本公司的财务规章制度；

（2）对各项资金的收付进行严格的审核把关；

（3）负责安排本部门人员的工作，并进行检查、总结、督促，配合财务人员及时处理账务；

（4）负责为本公司生产经营情况和财务收支情况的计划工作提供参考资料，协助有关部门编制计划，参与审核并监督执行；

（5）按规定的会计科目设置总账，审核记账凭证、汇总凭证，登记总账，做到账证、账账、账表相符；

（6）负责建立各部门财产登记簿，并监督使用，进行财产清查；

（7）按期编报会计报表和有关会计资料，每月对财务报表进行盈亏情况分析、销售业绩分析、产品进出仓数量分析等；

（8）负责组织本部门的业务技术学习和交流，注重同事间的团结，共同完成各项工作任务。

任务二 会计主管岗位业务流程

会计主管岗位在整个会计工作中起着举足轻重的作用，要想能胜任此工作，必须

清楚具体工作的业务流程。

一、企业会计岗位的设置

企业应根据自身规模大小、业务量多少等具体情况设置会计岗位，一般大中型企业应设置会计主管、出纳、固定资产核算、材料物资核算、工资核算、成本核算、收入与利润核算、资金核算、总账报表和稽核等会计岗位。小型企业因业务量较少，应适当合并减少岗位设置。例如，可设置会计主管、出纳、制单、记账等会计岗位。

出纳岗位的主要职责是办理现金收付和结算业务，登记现金和银行存款日记账，保管库存现金和各种有价证券，保管有关印章、空白收据和空白支票；制单岗位的主要职责是根据原始凭证和原始凭证汇总表编制记账凭证；记账岗位的主要职责是登记各种明细分类账；会计主管的主要职责是登记总分类账，编制和分析财务报表。

《中华人民共和国会计法》第三十七条规定：会计机构内部应当建立稽核制度。出纳人员不得兼任稽核、会计档案保管和收入、支出、费用、债权债务账目的登记工作。

二、会计主管岗位的业务流程如图 1-1 所示。

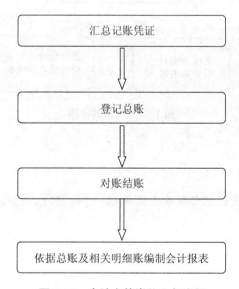

图 1-1　会计主管岗位业务流程

【思考练习】

企业会计岗位设置可以一人一岗、一人多岗、一岗多人，可以多人多岗吗？

任务三 会计主管岗位工作涉及的相关知识

 任务导入

会计主管岗位要想能胜任工作，相关的专业知识是不可或缺的。例如，登记什么账？怎样登账？怎样编制财务报表等。下面就和小王一起来复习所学过的相关知识吧！

知识准备

一、什么是会计账簿

现在的账各式各样，门类齐全，每一种账都从一个方面反映着企业经济活动变化的全过程，相互配合就能够构成反映企业经营活动记录的完整体系。

会计账簿（简称账簿）就是由一定格式账页组成的，以会计凭证为依据，全面、系统、连续地记录各项经济业务的簿籍。

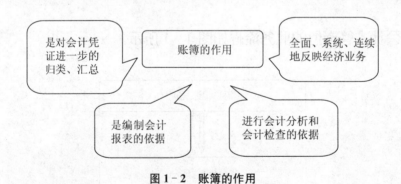

图 1-2 账簿的作用

想一想

根据账簿的概念判断：把日常收支记录在一个本子上，这个本子能称为账簿吗？

二、认知各种会计账簿

（一）按用途分类

账簿按其用途的不同，可分为日记账簿、分类账簿和备查账簿。

1. 日记账簿

又称序时账簿，它是按照经济业务发生和完成时间的先后顺序逐日逐笔进行登记的账簿。

日记账簿可以用来记录全部经济业务的完成情况，也可以用来记录某一类经济业务的完成情况。由于日记账簿的登记是逐日逐笔进行的，记账的工作量大，所以在实际工作中，各个单位通常只是对现金和银行存款的收、付款业务设置日记账簿，目的是为了加强对货币资产的管理，保护其安全完整和合理使用。

2. 分类账簿

它是按照账户对经济业务进行分类核算和监督的账簿。按照总分类账户进行分类登记的账簿称为总分类账簿；按照明细分类账户进行分类登记的账簿称为明细分类账簿。

总分类账簿是按照总分类账户设置和登记的，用来分类登记全部经济业务，提供各种资产、负债、所有者权益、收入、费用及利润等总括核算资料的分类账簿，简称总账。明细分类账簿是按照明细分类账户设置和登记的，用来分类登记某一类经济业务，提供较总账更为详细的核算资料的分类账簿，简称明细账。明细账对总账起着补充、说明作用，是总账的辅助账簿。

3. 备查账簿

又称辅助账簿，是对某些在日记账簿和分类账簿等主要账簿中不予登记或登记不够详细的经济业务事项进行补充登记时使用的账簿。

备查账簿不是根据会计凭证登记的账簿，同时它也没有固定的格式，但是它可以对某些经济业务的内容提供必要的参考资料。例如租入固定资产登记簿。需要说明的是，并非每个单位都应设置备查账簿，它可以根据各个单位的实际需要设置和登记。

 小贴士

备查账簿与序时账簿、分类账簿相比，存在两点不同之处：一是登记依据可能不需要记账凭证，甚至不需要一般意义上的原始凭证；二是备查账簿的格式和登记方法不同，备查账簿没有固定的格式，主要栏目不记录金额，它更注重用文字来表述某项经济业务的发生情况。

（二）按外表形式分类

账簿按照外表形式可分为订本式账簿、活页式账簿和卡片式账簿。

1. 订本式账簿

是在启用前就已将账页装订在一起，并对账页进行了连续编号的账簿，简称订本账。

这种账簿的优点是可以避免账页的散失和防止账页被抽换，比较安全。因此，现金日记账、银行存款日记账和总账按要求必须使用订本账。其缺点是账页固定，不便增减，要为每一账户预留若干空白账页，如留页不够会影响账户的连续记录，留页过多又会造成浪费。同时，订本账在同一时间内只能由一人登记，不利于记账人员的分工协作。

2. 活页式账簿

又称活页账，是在账簿登记完成之前把账页装在账夹内，当账簿登记完成之后（通常是一个会计年度完成之后），才将账页装订，加具封面，并给各账页连续编号的簿籍。

这种账簿的优点是平时可以根据需要随时增添或取出账页，不会浪费账页，使用较为灵活，并且便于分工记账。其缺点是账页容易散失和被抽换，一般用于各种明细账。

3. 卡片式账簿

又称卡片账，是由格式一定的分散卡片作为账页组成的账簿。

使用卡片账时，应在卡片上连续编号，加盖有关人员的印章，根据需要放置在卡片箱或卡片夹内，以保证安全。它的优缺点与活页账相同。在我国，单位一般只对固定资产的核算采用卡片账形式。

(三) 按所使用的账页格式分类

账簿按照所使用账页的格式可分为三栏式账簿、多栏式账簿、数量金额式账簿、横线登记式账簿。

1. 三栏式账簿

是由三栏式账页组成的账簿，基本结构由借方、贷方、余额三栏构成。三栏式账簿主要用以反映某项资金的增加、减少和结余情况，适用于只需要进行金额核算的经济业务。常用于总分类账、应收账款、应付账款等明细分类账。

2. 多栏式账簿

是由多栏式账页组成的账簿，基本结构是在借方、贷方栏目下面再分设若干专栏。多栏式账簿主要用以详细具体地记载某一小类经济业务的活动情况，适用于需要进行分项目具体反映的经济业务。常用于制造费用、管理费用、本年利润等明细分类账。

3. 数量金额式账簿

是由数量金额式账页组成的账簿，基本结构是在借方、贷方、余额三栏下面再分设数量、单价、金额三个小栏目。数量金额式账簿主要用以具体反映数量、单价、金额三者之间的关系，适用于既需要进行金额核算又需要进行数量核算的经济业务。常用于库存商品、原材料等明细分类账。

4. 横线登记式账簿

又称"平行式账簿"，是全部由横线登记式账页组成的账簿，基本结构是在同一张账页的同一行，记录某一项经济业务从发生到结束的有关内容。横线登记式账簿可以对照反映一项经济活动的来龙去脉，对应关系清楚明了，适用于需要逐步进行结算的经济业务。常用于其他应收款、材料采购等明细分类账。

账簿种类归纳如图 1 - 3 所示。

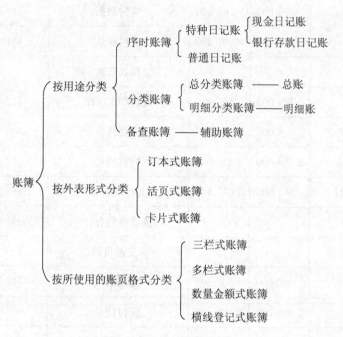

图 1 - 3 会计账簿分类

三、认知财务报表

财务报表其实就是企业经营业绩的一张成绩单。它是了解企业的财务情况和经营成果，解读企业一切经济信息最便捷的渠道。无论是企业内部管理者，还是政府管理部门、现实或潜在的投资人、业务往来伙伴等，都可以通过企业提供的财务报表找到你所要了解的企业经营信息资料。

这是石家庄市厚普文化用品有限公司 2014 年 9 月对外公布的部分财务报表资料，具体如表 1 - 1 和表 1 - 2 所示。

表 1 - 1　　　　　　　　　　　　资产负债表　　　　　　　　　　　会 01 表

编制单位：石家庄市厚普文化用品有限公司　　　2014 年 9 月 30 日　　　　　单位：元

资　产	期末余额	年初余额	负债和所有者权益	期末余额	年初余额
流动资产：			流动负债：		
货币资金	887 600	530 000	短期借款	36 000	67 500
交易性金融资产			交易性金融负债		
应收票据	295 200	62 000	应付票据	240 000	135 000
应收账款	359 000	807 600	应付账款	344 600	387 600
预付账款			预收账款		
应收股利	120 000	135 000	应付职工薪酬	120 000	135 000
其他应收款	6 000	6 800	应交税费	360 000	347 200
存货	3 096 000	3 475 900	应付利息	12 000	108 000
流动资产合计	4 901 800	5 017 300	其他应付款	1 269 200	301 400
非流动资产：			流动负债合计	2 381 800	1 481 700
持有至到期投资			非流动负债：		
长期股权投资	300 000	337 500	长期借款	720 000	1 566 000
固定资产	2 920 000	2 769 700	应付债券		
在建工程			非流动负债合计	720 000	1 566 000
工程物资			负债合计	3 101 800	3 047 700
固定资产清理			所有者权益：		
无形资产	960 000	999 000	实收资本	5 800 000	6 525 000
长期待摊费用			资本公积		
非流动资产合计	4 180 000	5 106 200	盈余公积	180 000	254 800
			未分配利润		296 000
			所有者权益合计	5 980 000	7 075 800
资产总计	9 081 800	10 123 500	负债和所有者权益总计	9 081 800	10 123 500

表 1-2　　　　　　　　　　　　　　　利润表　　　　　　　　　　　　　会 02 表

编制单位：石家庄市厚普文化用品有限公司　　　2014 年 9 月　　　　　　　单位：元

项目	上年数	本年累计数
一、营业收入		1 697 500
减：营业成本		1 012 500
营业税金及附加		2 700
销售费用		94 500
管理费用		145 800
财务费用		56 100
减：资产减值损失		
加：公允价值变动收益（损失以"-"填列）		
加：投资收益（损失以"-"号填列）		69 600
二、营业利润（亏损以"-"号填列）		4 555 400
加：营业外收入		67 500
减：营业外支出		26 700
三、利润总额（亏损总额以"-"号填列）		496 300
减：所得税费用		138 200
四、净利润（净亏损以"-"号填列）		358 100

根据上面的报表，你能看懂或了解到企业提供了哪些方面的信息吗？要想了解企业的经营状况，就必须要看企业财务报表，而要真正读懂企业提供的财务报表信息，就需要我们具备相关的财务报表理论知识。

（一）什么是财务报表

财务报表是企业以日常的会计核算资料为依据，对外提供的反映企业某一特定日期的财务状况和某一会计期间的经营成果、现金流量等会计信息的文件。

编制财务报表是会计核算的一项专门方法，也是会计核算的最后一个环节。会计人员将日常核算中繁多、分散的会计资料，按国家统一要求的内容、格式和方法加以归类整理并汇总后编制成资产负债表、利润表等。如图 1-4 所示。

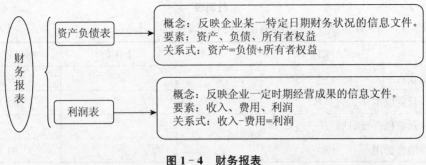

图 1-4   财务报表

(二) 财务报表的种类

1. 按反映的经济内容可以分为资产负债表、利润表、现金流量表及附表。

2. 按提供对象可以分为对外提供的会计报表和对内提供的会计报表。

3. 按编报的时间可以分为年度会计报表和中期会计报表。其中，中期会计报表又包括半年报、季报和月报。

4. 按编报的单位可以分为单位报表、汇总报表和合并报表。

(三) 编制财务报表的作用

财务报表作为对外报表，它是财务会计确认和计量的最终成果，是沟通企业管理层与外部信息使用者之间的桥梁和纽带。其主要作用体现在以下三方面，如图 1-5 所示：

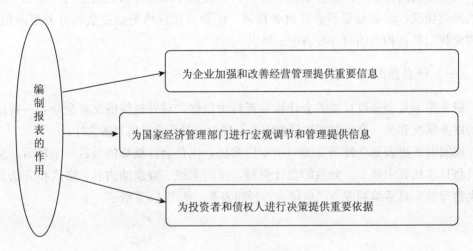

图 1-5   编制财务报表的作用

任务巩固

1. 单项选择题

(1) 活页账簿与卡片账簿可适用于（　　）。

　　A. 库存现金日记账　　　　　　B. 总账

　　C. 通用日记账　　　　　　　　D. 明细分类账

(2)（　　）是按照经济业务发生先后顺序，逐日逐笔登记的账簿。

　　A. 序时账　　　B. 分类账　　　C. 明细账　　　D. 备查账

(3) 必须逐日逐笔登记的账簿是（　　）。

　　A. 明细账　　　B. 总账　　　C. 日记账　　　D. 备查账

(4) 多栏式账页格式一般适用于（　　）明细分类账户的登记。

　　A. 资产类　　　　　　　　　　B. 负债类

　　C. 费用类　　　　　　　　　　D. 所有者权益类

(5) 财务报表按反映的经济内容可以分为（　　）。

　　A. 资产负债表、利润表、现金流量表及附表

　　B. 对内报表和对外报表

　　C. 资产负债表、利润表和主要商品销售情况表

　　D. 单位报表、汇总报表和合并报表

(6) 财务报表按提供对象可以分为（　　）。

　　A. 资产负债表、利润表、现金流量表及附表

　　B. 对内报表和对外报表

　　C. 资产负债表、利润表和主要商品销售情况表

　　D. 单位报表、汇总报表和合并报表

(7) 以下反映企业财务状况的会计报表是（　　）。

　　A. 资产负债表　　　　　　　　B. 利润表

　　C. 现金流量表　　　　　　　　D. 所有者权益变动表

(8)（　　）是反映企业经营成果的会计报表。

　　A. 资产负债表　　　　　　　　B. 利润表

　　C. 现金流量表　　　　　　　　D. 会计报表附注

(9) 登记账簿的依据是（　　）。

　　A. 经济合同　　　　　　　　　B. 会计凭证

　　C. 会计报表　　　　　　　　　D. 经济活动

(10) 应收票据、应付票据登记簿一般采用（　　）。

　　A. 序时账簿　　　　　　　　　B. 分类账簿

　　C. 数量金额式账簿　　　　　　D. 备查账簿

(11)（　　　）为编制会计报表提供依据。

    A. 填制和审核凭证　　　　　　　　B. 编制记账凭证

    C. 设置和登记账簿　　　　　　　　D. 编制会计分录

(12) 将账簿划分为序时账、分类账、备查账的依据是（　　　）。

    A. 账簿的登记方式　　　　　　　　B. 账簿的用途

    C. 账簿登记的内容　　　　　　　　D. 账簿的外表形式

(13) 总账、现金日记账和银行存款日记账应采用（　　　）。

    A. 订本账　　B. 活页账　　　　C. 卡片账　　　　D. 以上均可

(14) 可以采用三栏式的明细账是（　　　）。

    A. 库存商品明细账　　　　　　　　B. 制造费用明细账

    C. 固定资产明细账　　　　　　　　D. 债权债务明细账

(15) 从外形特征看，材料明细账可采用（　　　）。

    A. 数量金额式　　　　　　　　　　B. 活页式

    C. 三栏式　　　　　　　　　　　　D. 多栏式

2. 多项选择题

(1) 下列账簿必须采用订本式账簿的是（　　　）。

    A. 明细账　　　　　　　　　　　　B. 总账

    C. 现金日记账　　　　　　　　　　D. 银行存款日记账

(2) 在下列各项，可以采用多栏式明细账簿的是（　　　）。

    A. 生产成本　　　　　　　　　　　B. 管理费用

    C. 原材料　　　　　　　　　　　　D. 应收账款

(3) 明细分类账采用的格式有（　　　）。

    A. 三栏式　　　　　　　　　　　　B. 多栏式

    C. 数量金额式　　　　　　　　　　D. 订本式

(4) 下列说法中正确的有（　　　）。

    A. 三栏式明细分类账适用于收入、费用类科目的明细核算

    B. 总账最常用的格式为三栏式

    C. 日记账必须采用多栏式

    D. 银行存款日记账应按企业在银行开立的账户和币种分别设置，每个银行账
       户设置一本日记账

(5) 现金、银行存款日记账应采用（　　　）。

    A. 三栏式　　　　　　　　　　　　B. 卡片式

    C. 订本式　　　　　　　　　　　　D. 数量金额式

(6) 下列说法正确的有（　　　）。

    A. 短期借款明细账应采用三栏式账页格式

    B. 应收账款明细账应采用订本式账簿

C. 多兰式明细账一般是用于成本费用、收入和利润类的明细账

D. 原材料明细账应采用数量金额式账页格式

（7）下列资料中，属于会计报表的是（　　）。

A. 资产负债表 　　　　　　　　B. 利润表

C. 现金流量表 　　　　　　　　D. 盘盈盘亏报告表

（8）下列表述正确的是（　　）。

A. 资产负债表是反映企业某一特定日期的财务状况的报表

B. 利润表是反映企业某一会计期间的经营成果的报表

C. 资产负债表是反映企业某一会计期间的财务状况的报表

D. 利润表是反映企业某一特定日期的经营成果的报表

（9）企业财务会计报告的使用者通常包括（　　）。

A. 现实和潜在的投资者 　　　　B. 债权债务关系人

C. 企业内部和上级管理人员 　　D. 政府及相关机构

（10）财务会计报告包括（　　）。

A. 会计报表 　　　　　　　　　B. 财务分析

C. 会计报表附注 　　　　　　　D. 财务情况说明书

3. 判断题

（1）在整个账簿体系中，序时账和分类账是主要账簿，备查账为辅助账簿。　　（　　）

（2）总账采用订本式账簿，账页格式为多栏式。　　（　　）

（3）数量金额式明细账适用于明细项目较多，且要求分别列示的成本、费用、收入、利润及利润分配明细账。　　（　　）

（4）备查账簿不是正式账簿，应根据各单位的实际需要确定应设置哪些备查账簿及采取何种形式。　　（　　）

（5）在同一张账页的同一行，记录某一项经济业务从发生到结束的有关内容，属于横线登记式账页。　　（　　）

（6）卡片式账是按照账页格式划分的。　　（　　）

（7）库存现金日记账和银行存款日记账必须采用订本式账簿，但企业可以用银行对账单代替日记账。　　（　　）

（8）账簿按外型特征不同，分为日记账、分类账和备查账。　　（　　）

（9）资产负债表是反映企业在一定时期内财务状况的报表。　　（　　）

（10）编制会计报表的主要目的就是为会计报表使用者决策提供信息。　　（　　）

（11）利润表是反映企业在一定时期经营成果的报表，它是静态报表。　　（　　）

（12）会计岗位设置时，制单和审核可以是同一人。　　（　　）

项目二　建立总分类账

【知识与技能目标】

1. 清楚认识总分类账簿的种类和设置要求；

2. 了解会计总分类账簿的基本格式；

3. 会建立总分类账。

【过程与方法】

通过观看各种会计账簿，分析、总结归纳出会计总分类账簿的设置和登记的要领，理解会计账簿在会计核算工作中所处的关键位置。

【情感态度与价值观】

理论联系实际，在实践中锤炼提高。登账刚开始不熟且容易出错，"曲不离口，拳不离手"，熟能生巧、谦虚好学、锲而不舍，是练就高超的专业技术和过硬本领的唯一途径。体验账簿与生活和工作的关系，循序渐进，培养认真细致的职业习惯。

任务一　认知总分类账簿

任务导入

提到账簿，小王并不陌生。可是会计手中有各式各样的账簿，具体它们都是记录什么内容？有什么区别？它们各自的用途是什么？我们会计主管登记的总分类账又是哪本呢？老会计给他介绍了总分类账。

知识准备

一、账簿的基本内容

账簿的种类、格式虽然很多，但它们一般都应涵盖以下基本内容：

1. 封面

主要标明账簿的名称，如总分类账、现金日记账、银行存款日记账等。

图 2－1　封面

2. 扉页

主要用来标明会计账簿的使用信息，如科目索引、账簿启用和经管人员一览表等。

账簿启用表

账簿使用登记表

使用者名称				
账簿编号				
账簿页数	本账簿共计使用			
启用日期	年　　月　　日			
截止日期	年　　月　　日			
责任者盖章	出　纳	审　核	主　管	部门领导

交　接　记　录					
姓　名	交接日期		交接盖章	监交人员	
				职务	姓名
	经管	年　月　日			
	交出	年　月　日			
	经管	年　月　日			
	交出	年　月　日			
	经管	年　月　日			
	交出	年　月　日			
	经管	年　月　日			
	交出	年　月　日			
印花税票					

图 2－2　扉页

3. 账页

用来记录经济业务事项的载体，其格式因反映经济业务内容的不同而有所不同，但其内容应该包括账户名称栏、登记日期栏、凭证种类和号码栏、摘要栏、金额栏、总页次和分户页次栏等。

二、总分类账的设置

总分类账简称总账。通过总账可以集中、全面地反映经济活动的总体状况，为进一步进行会计核算提供总括的信息资料。每个企业、行政事业单位都要根据本单位经济活动的实际情况设置相关的总分类账。

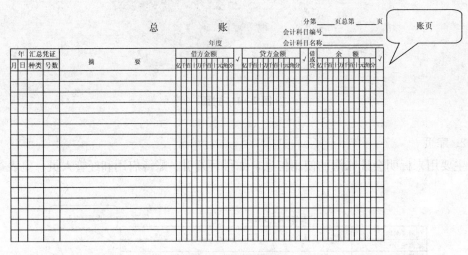

图 2-3　总分类账

总账是根据一级会计科目（亦称总账科目）开设的账簿，用来分类登记企业的全部经济业务，提供资产、负债、所有者权益、费用、收入和利润等总括的核算资料。总分类账通常采用三栏式账页，其基本结构为"借方""贷方""余额"三栏，总分类账样式如图 2-4 所示。

总　分　类　账

科目_____编码（　　）　　　　_____年度

年		凭证编号	摘要	对方科目编号	借方										贷方										借款贷	余额									
月	日				千	百	十	万	千	百	十	元	角	分	千	百	十	万	千	百	十	元	角	分		千	百	十	万	千	百	十	元	角	分

【思考练习】

企业的总分类账从外表看采用的是什么形式？从账页格式看采用的是什么形式？

任务二　启用总分类账簿

任务导入

老会计给小王拿来一本总分类账簿，请小王填写，咱们跟小王一起填写吧！

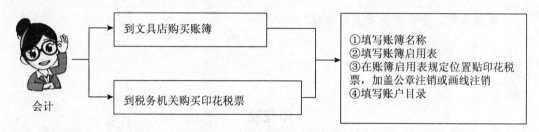

图2－4　启用账簿的基本工作流程

一、账簿的启用规则

为了保证账簿记录的合法性和会计资料的完整性，明确记账责任，在启用会计账簿时，应在账簿封面上写明账簿名称和单位名称。在账簿扉页上附"账簿使用登记表"，包括：启用日期，账簿页数，记账人员和会计机构负责人、会计主管人员姓名，并加盖人名章和单位公章。记账人员或者会计机构负责人、会计主管人员在调动工作时，应当注明交接日期、接办人员或交接日期、接办人员或监交人员的职务及姓名，并由交接双方人员和监交人员签名或盖章，以明确各方经济责任。

二、建账的基本要求

1.《中华人民共和国会计法》的有关规定

各单位发生的各项经济业务应当在依法设置的会计账簿上统一登记、核算，不得违反本法和国家统一的会计制度规定私设会计账簿登记、核算。

2.《会计基础工作规范》的有关规定见《规范》

各单位应当按照《中华人民共和国会计法》和国家统一会计制度的规定建立会计

账册，进行会计核算，及时提供合法、真实、准确、完整的会计信息。

3.《中华人民共和国公司法》的有关规定

公司除法定的会计账册外，不得另立会计账册。

4.《税收征收管理法实施细则》的规定

从事生产、经营的纳税人应当依照税收征管法实施细则第二十二条规定，自领取营业执照或发生纳税义务之日起 15 日内，按照国家有关规定设置账簿。

启用订本式的总分类账簿，从第一页到最后一页应按顺序编写页数，不得跳页、缺号。在目录中记明每个账户的名称和页次。

想一想

账簿启用，为什么会涉及印花税？

知识窗

印花税

印花税是对经济活动和经济交往中书立、使用、领用具有法律效力的应税凭证，是向单位和个人征收的一种税。因其采取在账簿上粘贴印花税票完税而得名。按规定，对于启用的非资金类账簿，按件贴花 5 元；对于记载单位资金的账簿，单位刚成立启用新账簿的，按实收资本和资本公积金额的 0.5‰ 贴花，以后若实收资本和资本公积未增加，按件贴花 5 元。

小王在老会计的指导下开设 2015 年总分类账。填写账簿启用表（见表 2-1）和账户目录（见表 2-2）。

完成步骤：

（1）在账簿封面上填写单位名称和账簿名称；

（2）在账簿扉页填写"账簿启用表"（见表 2-1）和"账户目录"（见表 2-2）；

（3）在账簿启用表规定位置加盖公章，粘贴印花税票，并划线注销；

（4）订本式账簿在启用时，应当从第一页到最后一页按顺序编写页码，不得跳页和缺号。

表 2-1 账簿启用登记表

使用者名称	石家庄市厚普文化用品有限公司				印 鉴
账簿名称	总账				
账簿编号	第1号				
账簿页数	本账簿共计使用 100 页				
启用日期	2015 年 1 月 1 日				
责任者盖章	主 管	会 计	记 账	审 核	
	周阳	林绍潼	李萌	孙霞	

交 接 记 录

姓名	交接日期	交接盖章	监交人员	
			职 务	姓 名
林绍潼	经管 2015 年1月1日	林绍潼	会计主管	周阳
	交出 年 月 日			
	经管 年 月 日			
	交出 年 月 日			
	经管 年 月 日			
	交出 年 月 日			
	经管 年 月 日			
	交出 年 月 日			
印花税票				

表 2-2 账户目录

编号	科目	页码	编号	科目	页码	编号	科目	页码
1001	库存现金	1	1501	固定资产	11	2171	应交税金	21
1002	银行存款	2	1502	累计折旧	12	2301	长期借款	22
1111	应收票据	3	4101	生产成本	13			23
1131	应收账款	4			14			24
1211	原材料	5			15	3101	实收资本	25
1243	库存商品	6	2101	短期借款	16	3111	资本公积	26
1402	长期股权投资	7	2121	应付账款	17	3121	盈余公积	27

【思考练习】

企业的第一本账是什么时候有的？

任务三 登记总分类账期初余额

 任务导入

填好账簿启用登记表，接下来就是总账的账页内容了，在登记经济业务之前，首先要把各账户的期初余额登录到各账户下。你知道怎样录入期初余额吗？

图 2-5 登记期初余额的工作流程

知识准备

一、账簿的登记规则

账簿记录是否客观、准确，内容是否清楚、完整，直接影响到会计核算的顺利进行和会计资料的质量，也影响到会计职能作用的正常发挥。因此，会计人员在登记账簿时必须遵循以下规则。

1. 准确完整

登记会计账簿时，应当将会计凭证日期、编号、业务内容摘要、金额和其他相关资料逐项记入账内，做到数字准确、摘要清楚、登记及时、字迹工整。

每一个会计事项都要记入有关的账户，账簿记录中的日期应该填写记账凭证上的日期，登记账簿要及时，但对各种账簿的登记时间应该间隔多长，《规范》未作统一规定。一般来说，要根据本单位所采用的具体会计核算形式而定。

2. 注明记账符号

登记完毕后，要在记账凭证上签名或者盖章，并注明已经登账的符号，表示已经记账，避免发生重记或漏记。

3. 文字和数字整洁清晰，准确无误

在登记书写时，要注意以下几点：①摘要文字紧靠左线；②数字要写在金额栏内，

不得越格错位、参差不齐；③文字、数字字体大小适中，紧靠下线书写，上面要留有适当空距，一般应占格距的 1/2，以备按规定的方法改错。数字一般可自左向右适当倾斜，以使账簿记录整齐、清晰。

4. 正确使用书写墨水

登记账簿要用蓝黑墨水或者碳素墨水书写，不得使用圆珠笔（银行的复写账簿除外）或者铅笔书写。

在会计的记账书写中，数字的颜色能够传达重要的会计信息。书写墨水的颜色用错了，会导致会计信息混乱。

5. 红墨水的使用

下列特殊情况，可以使用红色墨水记账：

① 按照红字冲账的记账凭证，冲销错误记录；

② 在不设借贷等栏的多栏式账页中，登记减少数；

③ 在三栏式账户的余额栏前，如未印明余额方向的，在余额栏内登记负数余额；

④ 根据国家统一的会计制度的规定可以用红字登记的其他会计记录。

6. 登账应连续

各种账簿应按页次顺序连续登记，不得跳行、隔页。如果发生跳行、隔页，应当将空行、空页划线注销或者注明"此行空白""此页空白"字样，并由记账人员签名或者盖章。

7. 结出余额

凡需要结出余额的账户，结出余额后，应当在"借或贷"等栏内写明"借"或者"贷"等字样。没有余额的账户，应在"借或贷"栏内写明"平"字，并在"余额"栏用"θ"表示。一般来说，对于没有余额的账户，在余额栏内标注的"θ"应当放在"元"位。

8. 账页衔接应过次承前

每一账页登记完毕结转下页时，应当结出本页合计数及余额，写在本页最后一行和下页第一行有关栏内，并在摘要栏内注明"过次页"和"承前页"字样；也可以将本页合计数及金额只写在下页第一行有关栏内，并在摘要栏内注明"承前页"字样。

"过次页"和"承前页"的方法有两种：一是在本页最后一行内结出发生额合计数及余额，然后过次页并在次页第一行承前页；二是只在次页第一行承前页写出发生额合计数及余额，不在上页最后一页结出发生额合计数及余额后过次页。

9. 登账错误，应按正确方法更正

严禁采用涂改、刮擦、挖补或是使用化学药物清除字迹。发现差错必须根据错账的具体情况采用正确的方法更正。

10. 账簿要定期打印

实行会计电算化的单位，总账和明细账应当定期打印。发生收付款业务的，在输入收款凭证和付款凭证的当天必须打印出现金日记账和银行存款日记账，并与库存现金核对无误。

登记账簿是会计核算的基础环节，必须认真对待，做到登记及时、内容规范。为了做好登记账簿工作，应严格遵守各项会计工作要求。

二、录入期初余额

小王根据石家庄市厚普文化用品有限公司 2014 年 12 月 31 日有关账户余额（见表2-3），开设 2015 年的总账。登记期初余额。完成步骤：

翻开 2015 年新开设的"库存现金"总账第一页，在第一行填写"2015 年 1 月 1 日"、摘要栏填写"上年结转"，直接将 2014 年 12 月 31 日"库存现金"总账的余额登记在"余额"栏内，并填写余额方向"借"，其他账户也照此填写。填写方法和格式，如表2-4所示。

表2-3　　　　　　　　　　　　有关账户余额表　　　　　　　　　单位：元

资产	金额	负债及所有者权益	金额
库存现金	1 500	短期借款	195 000
银行存款	45 000	应付账款	142 500
原材料	90 000	应交税费	9 000
应收账款	47 700	长期借款	186 000
库存商品	60 000	实收资本	304 200
生产成本	22 500	资本公积	140 000
无形资产	180 000	盈余公积	70 000
固定资产	600 000		
合计	1 046 700	合计	1 046 700

表2-4　　　　　　　　　　　　总分类账

科目名称：库存现金　　　　　　　　　　　　　　　　　　　　　第1页

2015年 月	日	凭证号	摘要	借方 百十万千百十元角分	贷方 百十万千百十元角分	借或贷	余额 百十万千百十元角分
1	1		上年结转			借	1 5 0 0 0 0

表 2 - 5　　　　　　　　　　　　　　总分类账

科目名称：银行存款　　　　　　　　　　　　　　　　　　　　第 2 页

2015 年		凭证号	摘　要	借方									贷方									借或贷	余额								
月	日			百	十	万	千	百	十	元	角	分	百	十	万	千	百	十	元	角	分		百	十	万	千	百	十	元	角	分
1	1		上年结转																			借			4	5	0	0	0	0	0

表 2 - 6　　　　　　　　　　　　　　总分类账

科目名称：原材料　　　　　　　　　　　　　　　　　　　　　第 5 页

2015 年		凭证号	摘　要	借方									贷方									借或贷	余额								
月	日			百	十	万	千	百	十	元	角	分	百	十	万	千	百	十	元	角	分		百	十	万	千	百	十	元	角	分
1	1		上年结转																			借			9	0	0	0	0	0	0

表 2 - 7　　　　　　　　　　　　　　总分类账

科目名称：应收账款　　　　　　　　　　　　　　　　　　　　第 4 页

2015 年		凭证号	摘　要	借方									贷方									借或贷	余额								
月	日			百	十	万	千	百	十	元	角	分	百	十	万	千	百	十	元	角	分		百	十	万	千	百	十	元	角	分
1	1		上年结转																			借			4	7	7	0	0	0	0

表 2-8 　　　　　　　　　　　**总分类账**

科目名称：库存商品　　　　　　　　　　　　　　　　　　　第 6 页

2015年		凭证号	摘要	借方										贷方										借或贷	余额									
月	日			百	十	万	千	百	十	元	角	分		百	十	万	千	百	十	元	角	分			百	十	万	千	百	十	元	角	分
1	1		上年结转																					借			6	0	0	0	0	0	0

表 2-9 　　　　　　　　　　　**总分类账**

科目名称：生产成本　　　　　　　　　　　　　　　　　　　第 13 页

2015年		凭证号	摘要	借方										贷方										借或贷	余额									
月	日			百	十	万	千	百	十	元	角	分		百	十	万	千	百	十	元	角	分			百	十	万	千	百	十	元	角	分
1	1		上年结转																					借			2	2	5	0	0	0	0

表 2-10 　　　　　　　　　　　**总分类账**

科目名称：无形资产　　　　　　　　　　　　　　　　　　　第 7 页

2015年		凭证号	摘要	借方										贷方										借或贷	余额									
月	日			百	十	万	千	百	十	元	角	分		百	十	万	千	百	十	元	角	分			百	十	万	千	百	十	元	角	分
1	1		上年结转																					借		1	8	0	0	0	0	0	0	0

表 2 - 11　　　　　　　　　　　　　　　　　**总分类账**

科目名称：固定资产　　　　　　　　　　　　　　　　　　　　　　　　第 11 页

2015年		凭证号	摘　要	借方										贷方										借或贷	余额									
月	日			百	十	万	千	百	十	元	角	分	百	十	万	千	百	十	元	角	分		百	十	万	千	百	十	元	角	分
1	1		上年结转																			借	6	0	0	0	0	0	0	0	0

表 2 - 12　　　　　　　　　　　　　　　　　**总分类账**

科目名称：短期借款　　　　　　　　　　　　　　　　　　　　　　　　第 16 页

2015年		凭证号	摘　要	借方										贷方										借或贷	余额									
月	日			百	十	万	千	百	十	元	角	分	百	十	万	千	百	十	元	角	分		百	十	万	千	百	十	元	角	分
1	1		上年结转																			贷	1	9	5	0	0	0	0	0	0

表 2 - 13　　　　　　　　　　　　　　　　　**总分类账**

科目名称：应付账款　　　　　　　　　　　　　　　　　　　　　　　　第 17 页

2015年		凭证号	摘　要	借方										贷方										借或贷	余额									
月	日			百	十	万	千	百	十	元	角	分	百	十	万	千	百	十	元	角	分		百	十	万	千	百	十	元	角	分
1	1		上年结转																			贷	1	4	2	5	0	0	0	0	0

表 2 - 14 　　　　　　　　　　总分类账

科目名称：应交税费　　　　　　　　　　　　　　　　　　第 21 页

2015 年		凭证号	摘 要	借方										贷方										借或贷	余额									
月	日			百	十	万	千	百	十	元	角	分	百	十	万	千	百	十	元	角	分		百	十	万	千	百	十	元	角	分
1	1		上年结转																			贷		9	0	0	0	0	0	0

表 2 - 15 　　　　　　　　　　总分类账

科目名称：长期借款　　　　　　　　　　　　　　　　　　第 22 页

2015 年		凭证号	摘 要	借方										贷方										借或贷	余额									
月	日			百	十	万	千	百	十	元	角	分	百	十	万	千	百	十	元	角	分		百	十	万	千	百	十	元	角	分
1	1		上年结转																			贷		1	8	6	0	0	0	0	0	0

表 2 - 16 　　　　　　　　　　总分类账

科目名称：实收资本　　　　　　　　　　　　　　　　　　第 25 页

2015 年		凭证号	摘 要	借方										贷方										借或贷	余额									
月	日			百	十	万	千	百	十	元	角	分	百	十	万	千	百	十	元	角	分		百	十	万	千	百	十	元	角	分
1	1		上年结转																			贷	3	0	4	2	0	0	0	0	0

表 2 - 17　　　　　　　　　　　　**总分类账**

科目名称：资本公积　　　　　　　　　　　　　　　　　　　　　　第 26 页

2015 年		凭证号	摘　要	借方										贷方										借或贷	余额									
月	日			百	十	万	千	百	十	元	角	分	百	十	万	千	百	十	元	角	分		百	十	万	千	百	十	元	角	分
1	1		上年结转																			贷	1	4	0	0	0	0	0	0

表 2 - 18　　　　　　　　　　　　**总分类账**

科目名称：盈余公积　　　　　　　　　　　　　　　　　　　　　　第 27 页

2015 年		凭证号	摘　要	借方										贷方										借或贷	余额									
月	日			百	十	万	千	百	十	元	角	分	百	十	万	千	百	十	元	角	分		百	十	万	千	百	十	元	角	分
1	1		上年结转																			贷		7	0	0	0	0	0	0	0

【思考练习】

总账录入期初余额后，怎样保证录入的金额是否准确，可通过什么方法来验证?

1. 单项选择题

(1) 关于会计账簿的记账规则，下列表述不正确的是（　　）。

　　A. 记账时应使用蓝黑墨水或碳素墨水的钢笔书写，不得使用圆珠笔（银行的
　　　复写账簿除外）或铅笔

　　B. 账页登记满时，应办理转页手续

　　C. 使用活页式账簿时，应先将其装订成册，以防止散失

　　D. 在不设借贷等栏的多栏式账页中，登记减少数时，可以使用红色墨水记账

(2) 在登账时，如果发生隔页、跳行，（　　）。

　　A. 应将空页撕掉

B. 应更改账簿记录

C. 应将空页、空行用蓝线对角划掉，加盖"作废"字样，并由记账人员签章

D. 应将空页、空行用红线对角划掉，加盖"作废"字样，并由记账人员签章

(3) 每登记满一张账页时，（　　　）。

A. 在下一页继续记录发生的业务

B. 应加计本页发生额总数，结出余额，填在账页的最末一行

C. 在本页的最末一行摘要栏内注明"转次页"字样

D. 应加计本页发生额总数，结出余额，填在账页的最末一行，并在摘要栏内注明"转次页"字样

(4) 登记账簿时，错误的做法是（　　　）。

A. 文字和数字的书写占格距的二分之一

B. 发生的空行、空页一定要补充书写

C. 用红字冲销错误记录

D. 在发生的空页上注明"此页空白"

(5) 需要结计本年累计发生额的账户，结计"过次页"的合计数为（　　　）。

A. 自年初起至本日止累计数

B. 自年初起至本页末止累计数

C. 自月初至本页末止累计数

D. 自本页初至本页末止累计数

(6) 下列关于会计账簿记账规则的表述中，不正确的是（　　　）。

A. 对订本式账簿，不得任意撕毁账页，但是对活页式账簿，如在装订后发现空页，应该按照相应的方法将此页注销

B. 根据审核无误的会计凭证登记账簿时，应按照凭证上的日期来填写账簿上的日期栏

C. 凡需结出余额的账户，结出余额后，应在"借或贷"栏内写明"借"或"贷"字样。没有余额的账户，应在"借或贷"栏内写"平"字，并在余额栏内用"0"表示

D. 账页记满时，直接在下页登记下一笔经济业务

(7) 下列关于会计账簿启用与保管不正确的做法是（　　　）。

A. 启用账簿时，要填写"账簿启用登记表"

B. 为明确会计人员责任，登记某种账簿的人员，不必对该账簿的保管负责，应由保管会计档案的人员负责

C. 每日登记账簿，注意书写整齐清洁，不得涂污，避免账页破损，保持账本完整

D. 按有关规定使用账簿，账簿不得任意外借

2. 多项选择题

(1) 下列符合登记会计账簿基本要求的有（　　）。

    A. 文字和数字的书写应占格距的 1/3

    B. 不得使用圆珠笔书写

    C. 应连续登记，不得跳行、隔页

    D. 无余额的账户，在金额栏内写"平"

(2) 登记账簿的基本要求包括（　　）等内容。

    A. 根据审核无误的会计凭证登记账簿

    B. 用蓝黑和碳素墨水书写，不得用圆珠笔或铅笔书写

    C. 不得用红色墨水记账

    D. 按顺序连续登记，不得跳行、隔页

(3) 必须逐日结出余额的账簿是（　　）。

    A. 现金总账

    B. 银行存款总账

    C. 现金日记账

    D. 银行存款日记账

(4) 下面关于会计账簿的更换叙述正确的有（　　）。

    A. 新账簿建立登记完毕，要进行账账核对，并要与上年度财务报表的所有数据资料完全核对一致

    B. 在建立新账前，要对原有各种账簿的账户进行结账，注明"结转下年余额"

    C. 建立新账时，在新账簿扉页要填写单位名称、开始启用日期、页数、账簿目录等，并由记账人员签章

    D. 固定资产明细账或租入固定资产登记簿等备查账簿可以跨年度使用，不必每年更换一次

3. 判断题

(1) 记账时，既可用蓝黑墨水笔、碳素墨水笔书写，也可用圆珠笔或铅笔书写，但不得使用红色水笔书写。（　　）

(2) 年终结账后，总账和日记账应当更换新账，明细账一般也应更换；但有些明细账，如材料明细账，固定资产明细账可以连续使用，不必每年更换。（　　）

(3) 年终更换新账时，新旧账簿有关账户之间的转记金额，应该编制记账凭证。（　　）

(4) 在会计年度中间变更记账人员，可不办理有关交接手续。（　　）

(5) 使用订本账时，要为每一账户预留若干空白账页。（　　）

(6) 登记账簿时，发生的空行、空页一定要补充书写，不得注销。（　　）

项目三　登记总分类账

【知识与技能目标】

1. 熟悉账簿的登记要求；

2. 理解不同的账务处理程序，了解它们的优缺点；

3. 会运用记账凭证和科目汇总表登记总账。

【过程与方法】

理解会计账簿在会计核算工作中所处的关键位置，知道正确登记账簿的重要性。通过观看、练习会计账簿登记的过程，分析、总结归纳不同的账务处理程序适用的不同情况。

【情感态度与价值观】

理论联系实际，在实践中锤炼提高。要把登账学习中的困难当作一种考验和磨炼，体验账簿与生活和工作的关系，循序渐进，培养认真细致的职业习惯。

任务一　根据记账凭证登记总分类账

任务导入

由于企业、行政事业单位采用的会计核算，账务处理和组织程序等的不同而有所差异。会计人员可以直接根据记载经济业务的收款凭证、付款凭证、转账凭证逐日逐笔进行登记；也可以按不同的汇总方法，定期将有关的记账凭证进行归类汇总，编制成"记账凭证汇总表（科目汇总表）"，然后再根据记账凭证汇总表在相应的总分类账簿中进行登记；也可以根据原始凭证或原始凭证汇总表编制记账凭证，定期根据记账凭证分类编制汇总收款凭证、汇总付款凭证和汇总转账凭证，再根据汇总记账凭证登记总分类账。这就形成了不同的账务处理程序，它们的根本区别在于登记总账的依据和程序不同。

知识准备

一、记账凭证账务处理程序

1. 记账凭证账务处理程序的特点

记账凭证账务处理程序的主要特点是直接根据记账凭证逐笔登记总分类账，它是各种会计核算程序中最基本的一种核算程序，其他账务处理程序基本上是在这种核算程序基础上发展而形成的。

在这一程序中，记账凭证可以使用通用记账凭证，也可以分设收款凭证、付款凭证和转账凭证。

2. 记账凭证账务处理的一般程序，如图3-1所示

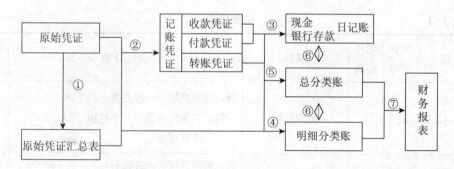

图 3-1　记账凭证账务处理程序

图中序号意义如下：

① 根据原始凭证编制原始凭证汇总表；

② 根据原始凭证或原始凭证汇总表，编制收款凭证、付款凭证和转账凭证（或记账凭证）；

③ 根据收款凭证、付款凭证（或记账凭证）逐笔登记现金日记账和银行存款日记账；

④ 根据原始凭证、原始凭证汇总表和记账凭证逐笔登记各种明细分类账；

⑤ 根据各种记账凭证逐笔登记总分类账；

⑥ 期末，现金日记账、银行存款日记账和各种明细分类账的余额与总账的余额核对相符；

⑦ 期末，根据总分类账和各种明细分类账的记录编制财务报表。

二、记账凭证账务处理程序的优缺点和适用范围

记账凭证账务处理程序简单明了，易于理解，便于掌握。由于总分类账是直接根

据各种记账凭证逐笔登记的，因而能比较详细和具体地反映各项经济业务，便于查账。其缺点是如果企业经济业务发生频繁，登记总分类账的工作量会较大。它适用于规模较小、经济业务较少的单位。

记账凭证账务处理程序特别适合会计电算化处理方式，因为利用计算机可以弥补业务处理工作量过大的问题。在手工记账方式下，为了减少记账凭证的数量和登记总账的工作量，可以先将同类经济业务的原始凭证进行汇总，编制原始凭证汇总表，再根据原始凭证汇总表编制记账凭证。

三、记账凭证账务处理程序举例

公司采用记账凭证核算程序，即根据记账凭证逐笔登记总账。

石家庄市厚普文化用品有限公司 2014 年 12 月发生的部分经济业务编制的记账凭证如表 3-1 所示。

表 3-1　　　　　　　　　　　　　记账凭证

日期	凭证字号	附件张数	摘要	会计分录	记账√
2014.12.1	记3	8	经理报销	借：管理费用——差旅费　23 858.00 　　贷：其他应收款——李建国　23 000.00 　　　　库存现金　　　　　　858.00	√
2014.12.2	记5	2	购办公用品	借：管理费用——办公费　　200.00 　　贷：银行存款　　　　　　200.00	√ √
2014.12.2	记9	2	付复印机维修费	借：管理费用——办公费　　5 800.00 　　贷：银行存款　　　　　　5 800.00	√ √
2014.12.20	记20	1	开支票购买账簿	借：管理费用——办公费　　452.00 　　贷：银行存款　　　　　　452.00	√ √
2014.12.22	记23	2	交办公楼本月租金	借：管理费用——租赁费　　10 000.00 　　贷：银行存款　　　　　　10 000.00	√ √
2014.12.25	记26	8	业务员张凯报销	借：管理费用——差旅费　　6 670.00 　　贷：其他应收款——张凯　　6 670.00	√
2014.12.27	记27	2	支付办公室维修费	借：管理费用——修理费　　2 540.00 　　贷：银行存款　　　　　　2 540.00	√ √
2014.12.28	记28	2	支付行政部门计算机修理费	借：管理费用——修理费　　1 800.00 　　贷：银行存款　　　　　　1 800.00	√ √
2014.12.29	记35	1	分配工资	借：销售费用——工资　　10 000.00 　　　管理费用——工资　　38 000.00 　　贷：应付职工薪酬——工资　48 000.00	√

续 表

日期	凭证字号	附件张数	摘要	会计分录	记账√
2014.12.30	记41	—	结转本月费用	借：本年利润 390 020.00 贷：主营业务成本 280 900.00 营业税金及附加 9 800.00 管理费用 89 320.00 销售费用 10 000.00	√

1. 会计登记"银行存款"总账的基本工作流程

图 3-2 会计登记"银行存款"总账的基本工作流程

小王把 3-41 号凭证（见表 3-1）中的银行存款，逐笔登记银行存款总账，并在记账凭证的银行存款对应的记账栏打"√"，如表 3-2 所示。

表 3-2　　　　　　　　　　　　总分类账

科目名称：银行存款　　　　　　　　　　　　　　　　　　　　　　　第 2 页

2014年		凭证号	摘要	借方									贷方									借或贷	余额								
月	日			百	十	万	千	百	十	元	角	分	百	十	万	千	百	十	元	角	分		百	十	万	千	百	十	元	角	分
12	1		期初余额																			借		2	2	2	9	2	0	0
	2	记5	购办公用品														2	0	0	0	0	借		2	2	0	9	2	0	0
		记9	复印机维修费														5	8	0	0	0	借		1	6	2	9	2	0	0
	20	记20	开支票购买账簿															4	5	2	0	0	借		1	5	8	4	0	0	0
	22	记23	交办公楼本月租金													1	0	0	0	0	0	借			5	8	4	0	0	0
	27	记27	支付办公室维修费														2	5	4	0	0	0	借			3	3	0	0	0	0
	28	记28	付行政计算机修理费														1	8	0	0	0	0	借			1	5	0	0	0	0

2. 会计登记"管理费用"总账的基本工作流程

图 3-3 会计登记"管理费用"总账的基本工作流程

小王把 3-41 号凭证（见表 3-1）中的管理费用逐笔登记管理费用总账，并在记账凭证的管理费用对应的记账栏打"√"，如表 3-3 所示。其他账户以此类推。

表 3-3   总分类账

科目名称：管理费用   第 32 页

2014年		凭证号	摘　要	借方									贷方									借或贷	余额								
月	日			百	十	万	千	百	十	元	角	分	百	十	万	千	百	十	元	角	分		百	十	万	千	百	十	元	角	分
12	1	记3	经理报销			2	3	8	5	8	0	0										借			2	3	8	5	8	0	0
	2	记5	购办公用品				2	0	0	0	0											借			2	4	0	5	8	0	0
		记9	付复印机维修费				5	8	0	0	0	0										借			2	9	8	5	8	0	0
	20	记20	开支票购买账簿					4	5	2	0	0										借			3	0	3	1	0	0	0
	22	记23	交办公楼本月租金			1	0	0	0	0	0	0										借			4	0	3	1	0	0	0
	25	记26	业务员张凯报销				6	6	7	0	0	0										借			4	6	9	8	0	0	0
	27	记27	支付办公室维修费				2	5	4	0	0	0										借			4	9	5	2	0	0	0
	28	记28	付行政计算机修理费				1	8	0	0	0	0										借			5	1	3	2	0	0	0
	29	记35	分配工资			3	8	0	0	0	0	0										借			8	9	3	2	0	0	0
	30	记41	结转本月费用													8	9	3	2	0	0	0	平						-0-			

【思考练习】

没有期初余额的账户应该如何设置账户？如何登记发生的经济业务？

任务二　根据科目汇总表登记总分类账

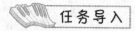

任务导入

学会了依据记账凭证登记总分类账，那么下面我们学习根据科目汇总表登记总分类账，其关键内容在于科目汇总表的编制。你知道什么是科目汇总表吗？

知识准备

一、科目汇总表账务处理程序

1. 科目汇总表账务处理程序的特点

科目汇总表账务处理程序是先根据记账凭证定期编制科目汇总表，再根据科目汇总表登记总分类账的一种账务处理程序，因而又被称为记账凭证汇总表账务处理程序。

2. 科目汇总表账务处理的一般程序

科目汇总表账务处理程序如图 3-4 所示。

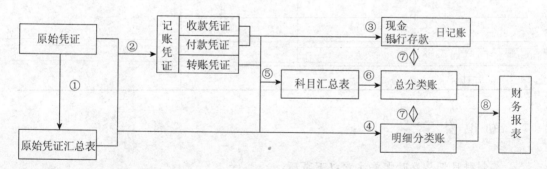

图 3-4　科目汇总表账务处理程序

图中的序号意义如下：

① 根据原始凭证编制原始凭证汇总表；

② 根据原始凭证或原始凭证汇总表编制收款凭证、付款凭证和转账凭证（或记账凭证）；

③ 根据收款凭证、付款凭证（或记账凭证）逐笔登记现金日记账和银行存款日记账；

④ 根据原始凭证、原始凭证汇总表和记账凭证，逐笔登记各种明细分类账；

⑤ 根据各种记账凭证编制科目汇总表；

⑥ 根据科目汇总表登记总分类账；

⑦ 期末，现金日记账、银行存款日记账和各种明细分类账的余额与总账的余额核对相符；

⑧ 期末，根据总分类账和各种明细分类账的记录编制财务报表。

二、科目汇总表的编制方法

（1）根据一定时期内的全部记账凭证，按相同的会计科目进行发生额的归类、汇总；

（2）按照借方、贷方定期（如 10 或 20 天或一个月）汇总每一会计科目的本期发生额，填写在科目汇总表的借方发生额和贷方发生额栏内；

（3）对借方、贷方发生额分别相加，求合计值，以反映全部会计科目在一定期间借方、贷方发生额。

其格式如表 3-4 所示。

表 3-4　　　　　　　　　　　　科目汇总表
年　月（　日至　日）　　　　　　　　　　　　编号：汇　　号

科目名称	本期发生额		记账凭证起讫号数
	借　方	贷　方	
合计			

编制科目汇总表时需要注意以下事项：

1. 为了便于登记总账，科目汇总表上的科目排列顺序应尽量与总分类账上的科目排列顺序一致；

2. 科目汇总表的编制时间应根据企业业务量的大小而定。一般间隔期为 5～10 天，业务较少的单位可以半个月或一个月汇总一次。

三、科目汇总表账务处理程序的优缺点和适用范围

科目汇总表账务处理程序减轻了登记总分类账的工作量，可以做到试算平衡，简明易懂，方便易学。其缺点是科目汇总表不能反映账户间的对应关系，不便于查对账目。它适用于经济业务较多的单位。

四、科目汇总表账务处理程序举例

公司采用科目汇总表核算程序，即根据科目汇总表登记总账。

图 3-5 会计登记总账的基本工作流程

小王把 3-41 号凭证（见表 3-1）中各个账户的发生额进行汇总，填入到科目汇总表中，然后根据科目汇总表中的数据登记总账，步骤如下：

（1）把 3-41 号凭证中各个账户的发生额过入到"T"型账户，并结出借、贷方发生额合计。

银行存款	
借方	贷方
	（2）200
	（3）5 800
	（4）452
	（5）10 000
	（7）2 540
	（8）1 800
	贷方发生额 合计 20 792

管理费用	
借方	贷方
（1）23 858	（10）89 320
（2）200	
（3）5 800	
（4）452	
（5）10 000	
（6）6 670	
（7）2 540	
（8）1 800	
（9）38 000	
借方发生额 合计 89 320	贷方发生额 合计 89 320

管理费用	
借方	贷方
	（1）858
	贷方发生额 合计 858

应付职工薪酬	
借方	贷方
(9) 48 000	
发生额合计 48 000	

销售费用	
借方	贷方
(9) 10 000	(10) 10 000
发生额合计 10 000	发生额合计 10 000

其他应收款	
借方	贷方
	(1) 23 000
	(6) 6 670
	发生额合计 29 670

主营业务成本	
借方	贷方
	(10) 280 900
	发生额合计 280 900

本年利润	
借方	贷方
(10) 390 020	
发生额合计 390 020	

营业税金及附加	
借方	贷方
(10) 9 800	
发生额合计 9 800	

（2）把各账户的发生额填到科目汇总表内，计算出合计金额，并注明有关的记账凭证号数。如表3-5所示。

表3-5

科目汇总表

2014年 12月（1日至31日）　　　　　　　　　　　　编号：汇1号

科目名称	本期发生额		记账凭证 起讫号数
	借方	贷方	
库存现金		858	
银行存款		20 792	
其他应收款		29 670	
应付职工薪酬		48 000	
本年利润	390 020		
主营业务成本		280 900	
营业税金及附加		9 800	转3—转41
管理费用	89 320	89 320	
销售费用	10 000	10 000	
合计	489 340	489 340	

（3）根据科目汇总表登记总账。如表3-6到表3-14所示。

表3-6 总分类账

科目名称：库存现金　　　　　　　　　　　　　　　　　　　　　　第1页

2014年		凭证号	摘 要	借方											贷方											借或贷	余额										
月	日			百	十	万	千	百	十	元	角	分	百	十	万	千	百	十	元	角	分		百	十	万	千	百	十	元	角	分
12	1		期初余额																			借			2	3	5	8	0	0
	31		1-31日汇总过入														8	5	8	0	0	借			1	5	0	0	0	0

表3-7 总分类账

科目名称：银行存款　　　　　　　　　　　　　　　　　　　　　　第2页

2014年		凭证号	摘 要	借方											贷方											借或贷	余额										
月	日			百	十	万	千	百	十	元	角	分	百	十	万	千	百	十	元	角	分		百	十	万	千	百	十	元	角	分
12	1		期初余额																			借		2	2	2	9	2	0	0
	31		1-31日汇总过入													2	0	7	9	2	0	0	借			1	5	0	0	0	0

表3-8 总分类账

科目名称：其他应收款　　　　　　　　　　　　　　　　　　　　　　第3页

2014年		凭证号	摘 要	借方											贷方											借或贷	余额										
月	日			百	十	万	千	百	十	元	角	分	百	十	万	千	百	十	元	角	分		百	十	万	千	百	十	元	角	分
12	1		期初余额																			借			2	9	6	7	0	0	0
	31		1-31日汇总过入													2	9	6	7	0	0	0	平					-	0	-	

表 3-9   **总分类账**

科目名称：应付职工薪酬   第4页

2014年 月	日	凭证号	摘要	借方 百 十 万 千 百 十 元 角 分	贷方 百 十 万 千 百 十 元 角 分	借或贷	余额 百 十 万 千 百 十 元 角 分
12	31		1-31日汇总过入		4 8 0 0 0 0 0	贷	4 8 0 0 0 0 0

表 3-10   **本年利润**

科目名称：本年利润   第5页

2014年 月	日	凭证号	摘要	借方 百 十 万 千 百 十 元 角 分	贷方 百 十 万 千 百 十 元 角 分	借或贷	余额 百 十 万 千 百 十 元 角 分
12	1		期初余额			贷	4 4 8 0 0 0 0 0
12	31		1-31日汇总过入		3 9 0 0 2 0 0 0		5 7 9 8 0 0 0

表 3-11   **总分类账**

科目名称：主营业务成本   第6页

2014年 月	日	凭证号	摘要	借方 百 十 万 千 百 十 元 角 分	贷方 百 十 万 千 百 十 元 角 分	借或贷	余额 百 十 万 千 百 十 元 角 分
12	31		1-31日汇总过入		2 8 0 9 0 0 0 0	贷	2 8 0 9 0 0 0 0

表 3 - 12　　　　　　　　　　　　**总分类账**

科目名称：营业税金及附加　　　　　　　　　　　　　　　　　　　　　第 7 页

2014 年		凭证号	摘　要	借方									贷方									借或贷	余额								
月	日			百	十	万	千	百	十	元	角	分	百	十	万	千	百	十	元	角	分		百	十	万	千	百	十	元	角	分
12	31		1-31 日汇总过入												9	8	0	0	0	0	0	贷				9	8	0	0	0	0	0

表 3 - 13　　　　　　　　　　　　**总分类账**

科目名称：管理费用　　　　　　　　　　　　　　　　　　　　　　　　第 8 页

2014 年		凭证号	摘　要	借方									贷方									借或贷	余额								
月	日			百	十	万	千	百	十	元	角	分	百	十	万	千	百	十	元	角	分		百	十	万	千	百	十	元	角	分
12	31		1-31 日汇总过入			8	9	3	2	0	0	0			8	9	3	2	0	0	0	平							- 0 -		

表 3 - 14　　　　　　　　　　　　**总分类账**

科目名称：销售费用　　　　　　　　　　　　　　　　　　　　　　　　第 9 页

2014 年		凭证号	摘　要	借方									贷方									借或贷	余额								
月	日			百	十	万	千	百	十	元	角	分	百	十	万	千	百	十	元	角	分		百	十	万	千	百	十	元	角	分
12	31		1-31 日汇总过入				1	0	0	0	0	0				1	0	0	0	0	0	平							- 0 -		

【思考练习】

科目汇总表的借贷方发生额不相等能作为登记总账的依据吗?

任务三 根据汇总记账凭证登记总分类账

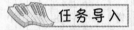 任务导入

我们会根据记账凭证和科目汇总表登记总分类账,那么登记总分类账还有没有其他的方法呢?

 知识准备

一、汇总记账凭证账务处理程序

1. 汇总记账凭证账务处理程序的特点

汇总记账凭证账务处理程序是根据原始凭证或原始凭证汇总表编制各种记账凭证,定期根据记账凭证分类编制汇总收款凭证、汇总付款凭证和汇总转账凭证,再根据汇总记账凭证登记总分类账的一种账务处理程序。

汇总记账凭证账务处理程序的特点是先定期将记账凭证汇总编制成各种汇总记账凭证,然后根据各种汇总记账凭证登记总分类账。汇总记账凭证账务处理程序是在记账凭证账务处理程序的基础上发展起来的,它与记账凭证账务处理程序的主要区别是在记账凭证和总分类账之间增加了汇总记账凭证。

2. 汇总记账凭证账务处理的一般程序

汇总记账凭证账务处理程序如图 3-6 所示。

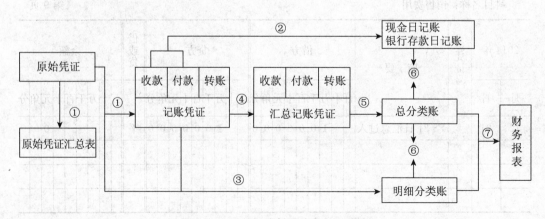

图 3-6 汇总记账凭证账务处理程序

图 3-6 中的序号意义如下：

①根据原始凭证或原始凭证汇总表，编制记账凭证；

②根据收款凭证、付款凭证逐笔登记现金日记账和银行存款日记账；

③根据原始凭证、原始凭证汇总表和记账凭证，登记各种明细分类账；

④根据各种记账凭证编制各种汇总记账凭证；

⑤根据各种汇总记账凭证登记总分类账；

⑥期末，现金日记账、银行存款日记账和各种明细分类账的余额与总分类账的余额核对相符；

⑦期末，根据总分类账和各种明细分类账的记录，编制财务报表。

二、汇总记账凭证的编制方法及登账方法

1. 汇总收款凭证（见表 3-15）

（1）编制方法。以"库存现金""银行存款"账户的借方设证，并按与设证科目对应的贷方科目归类。

（2）登账方法。月末，结算出合计数，登记总分类账——"库存现金""银行存款"账户的借方，对应账户的贷方。

表 3-15 　　　　　　　　　　　　汇总收款凭证

借方科目：库存现金　　　年　月　　　　　　　　　　　　　　编号：汇收 1 号

贷方科目	金额				记账	
	自 1 日至 10 日现收凭证共　张	自 11 日至 20 日现收凭证共　张	自 21 日至 30 日现收凭证共　张	合计	借方	贷方
合计						

会计主管：　　　　记账：　　　　审核：　　　　填制：

2. 汇总付款凭证（见表 3-16）

（1）编制方法。以"库存现金""银行存款"账户的贷方设证，对应的借方科目归类。

（2）登账方法。月末，结算出合计数，登记总分类账——"库存现金""银行存款"账户的贷方，对应账户的借方。

表 3-16 汇总付款凭证

贷方科目：库存现金　　　　　　　　年　月　　　　　　　　　　　编号：汇付 1 号

借方科目	金额				记账	
	自 1 日至 10 日 现付凭证共　张	自 11 日至 20 日 现付凭证共　张	自 21 日至 30 日 现付凭证共　张	合计	借方	贷方
合计						

会计主管：　　　　　记账：　　　　　审核：　　　　　填制：

3. 汇总转账凭证（见表 3-17）

（1）编制方法。贷方设证，对应的借方科目归类。

（2）登账方法。月末，结算出汇总转账凭证合计数，据以登记总分类账中设证账户的贷方，对应账户的借方。

表 3-17 汇总转账凭证

贷方科目：　　　　　　　　　　　　年　月　　　　　　　　　　　编号：汇转　号

借方科目	金额				记账	
	自 1 日至 10 日 转账凭证共　张	自 11 日至 20 日 转账凭证共　张	自 21 日至 30 日 转账凭证共　张	合计	借方	贷方
合计						

会计主管：　　　　　记账：　　　　　审核：　　　　　填制：

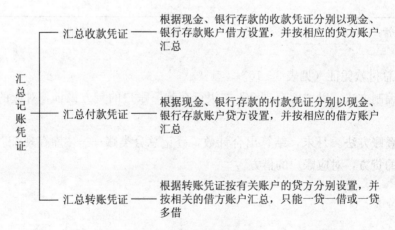

图 3-4 汇总记账凭证

小 贴 士

倘若在汇总期内，某一贷方科目的转账凭证较少时，也可不填制汇总转账凭证，而应直接根据转账凭证记账。

为了便于填制汇总转账凭证，平时填制转账凭证时，应使科目的对应关系保持一个贷方科目与一个或几个借方科目相对应的会计分录。

三、汇总记账凭证账务处理程序的优缺点和适用范围

汇总记账凭证账务处理程序减轻了登记总分类账的工作量，按照账户对应关系汇总编制记账凭证，便于了解账户之间的对应关系。其缺点是：按每一贷方科目编制汇总转账凭证，不利于会计核算的日常分工，并且当转账凭证较多时，编制汇总转账凭证的工作量较大。这一账务处理程序适用于规模较大、经济业务较多的单位。

四、汇总记账凭证账务处理程序举例

公司采用汇总记账凭证核算程序，即根据汇总收、汇总付、汇总转记账凭证登记总账。

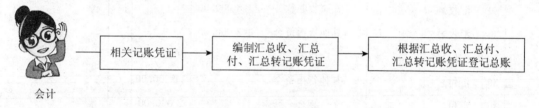

图 3-7　会计登记总账的基本工作流程

小王把记账凭证进行汇总，编制的汇总收款凭证（表 3-18）、汇总付款凭证（表 3-19）、汇总转账凭证如下，然后根据汇总收款凭证、汇总付款凭证、汇总转账凭证登记总账（表 3-20）。

表 3-18 　　　　　　　　　　　汇总收款凭证

借方科目：银行存款　　　　　　　　2014 年 12 月　　　　　　　　　　　汇收第 12 号

贷方账户	金额				总账页数	
	1～10 日收款凭证	11～20 日收款凭证	21～31 日收款凭证	合计	借方	贷方
应收账款	8 000.00	×	×	8 000.00	略	略
主营业务收入	6 500.00	6300.00	8 900.00	21 700.00		
其他货币资金	×	×	2 000.00	2 000.00		
合计	14 500.00	6 300.00	10 900.00	31 700.00		

表 3 - 19   **汇总付款凭证**

借方科目：银行存款   2014 年 12 月   汇付第 12 号

贷方账户	金额				总账页数	
	1～10 日 付款凭证	11～20 日 付款凭证	21～31 日 付款凭证	合计	借方	贷方
应付账款	5 000.00	4 500.00		9 500.00	略	略
原材料	11 200.00			11 200.00		
库存现金		2 000.00		2 000.00		
管理费用		600.00		600.00		
合计	16 200.00	7 100.00		23 300.00		

表 3 - 20   **总分类账**

会计科目：银行存款   第××号

200×年		凭证 号数	摘要	对方账户	借方	贷方	借 或 贷	余额
月	日							
9	1		期初余额				借	150 000.00
	30	汇收×		产品销售收入	21 700.00			
	30	汇收×		应收账款	8 000.00			
	30	汇收×		其他货币资金	2 000.00			
	30	汇付×		应付账款		9 500.00		
	30	汇付×		其他货币资金		11 200.00		
	30	汇付×		现金		2 000.00		
	30	汇付×		材料采购		20 000.00		
	30	汇付×		管理费用		600.00		
	30		本月发生 额及余额		31 700.00	43 300.00	借	138 400.00

任务巩固

1. 单项选择题

(1) 最基本的账务处理程序是（   ）。

     A. 科目汇总表账务处理程序

     B. 汇总记账凭证账务处理程序

     C. 记账凭证汇总表账务处理程序

     D. 记账凭证账务处理程序

（2）在记账凭证账务处理程序下，根据（　　）登记总分类账。

    A. 记账凭证   B. 科目汇总表

    C. 汇总记账凭证   D. 原始凭证

（3）在科目汇总表账务处理程序下，登记总分类账的依据是（　　）。

    A. 记账凭证   B. 科目汇总表

    C. 汇总记账凭证   D. 原始凭证

（4）各种账务处理程序的区别主要在于（　　）。

    A. 填制记账凭证的依据不同

    B. 登记明细账的依据和方法不同

    C. 登记总分类账的依据和方法不同

    D. 编制会计报表的依据和方法不同

（5）科目汇总表的缺点是不能反映（　　）。

    A. 账户借方、贷方发生额

    B. 账户借方、贷方余额

    C. 账户对应关系

    D. 各账户借方、贷方发生额合计

2. 多项选择题

（1）目前常用的账务处理程序种类有（　　）。

    A. 记账凭证账务处理程序

    B. 汇总记账凭证账务处理程序

    C. 科目汇总表账务处理程序

    D. 明细分类账账务处理程序

（2）各种账务处理程序的基本相同点有（　　）。

    A. 填制记账凭证的依据相同

    B. 登记明细账的依据和方法相同

    C. 登记总分类账的依据和方法相同

    D. 编制会计报表的依据和方法相同

（3）在记账凭证账务处理程序下，应设置（　　）。

    A. 收款、付款和转账凭证或通用记账凭证

    B. 科目汇总表或汇总记账凭证

    C. 现金和银行存款日记账

    D. 总分类账和若干明细分类账

（4）有关记账凭证账务处理程序的说法正确的是（　　）。

    A. 缺点是登记总分类账的工作量较大

    B. 优点是简单明了、易于理解

    C. 适用于规模较小、经济业务量较少的单位使用

    D. 能进行试算平衡

  （5）有关科目汇总表账务处理程序说法正确的有（ ）。

    A. 减少了登记总分类账的工作量

    B. 可做到试算平衡

    C. 反映账户之间的对应关系，不便于查核账目

    D. 是最简单的账务处理程序

  （6）总账的登记方法有（ ）。

    A. 可以根据记账凭证逐笔登记

    B. 可以根据原始凭证或原始凭证汇总表逐笔登记

    C. 可以根据记账凭证汇总表登记

    D. 可以根据明细账、日记账汇总登记

3. 判断题

（1）账务处理程序就是记账程序。   （ ）

（2）科目汇总表不仅能起到试算平衡作用，而且可以反映账户之间的对应关系。

                      （ ）

  （3）不同的会计凭证、会计账簿、记账程序和记账方法结合在一起，就会形成不同的账务处理程序。   （ ）

  （4）记账凭证账务处理程序适用于规模较小、经济业务量较少的单位。 （ ）

  （5）记账凭证账务处理程序优点是简单明了，易于理解，总分类账可以较详细地反映经济业务的发生情况。   （ ）

  （6）记账凭证核算形式是其他核算形式的基础。   （ ）

项目四　对账与结账

【知识与技能目标】

1. 理解会计对账工作的重要性;

2. 学会更正错账;

3. 掌握对账内容和结账方法。

【过程与方法】

理解会计对账工作的重要性,通过观看、试练会计对账、结账的过程,分析、总结归纳出会计对账、结账的要领,在练习中按规范去做。

【情感态度与价值观】

严肃认真、一丝不苟的工作态度要贯穿于会计工作的始终。数字计算要准确,核对要正确。培养耐心、细致、踏实的处事作风,克服急于求成、浮躁的心态,这是成为会计人员的基础准备。

任务一　对账

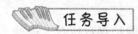

近年来,会计信息失真已成为上至国家领导,下至普通投资人深恶痛绝的"陋习"。朱镕基总理曾给国家会计学院题词"不做假账",表明了政府对会计职业的态度。打击假账早已成为整顿经济秩序的一项长期而艰巨的重要工作。有些职业院校将"不做假账,不做错账"作为对会计专业学生职业道德和职业能力的基本要求。对此,你做何理解?

一、对账

对账就是核对账目。为了保证账簿记录所提供的会计核算资料正确、真实、可靠,会计人员在登记账簿时,要有高度的责任心,不可马虎大意。记完账后,还应定期做好对账工作,以确保账证相符、账账相符、账实相符。对账的基本工作流程见图 4 - 1,

会计对账的主要内容包括：

1. 账证核对

账簿是根据审核之后的会计凭证登记的，但是在实际工作中仍有可能发生账证不符的情况。因此，记完账后，要将账簿记录与会计凭证进行核对，核对账簿记录与原始凭证、记账凭证的时间、凭证字号、内容、金额等是否一致，记账方向是否相符。

账证核对在日常记账过程中就应进行，便于及时发现错误进行更正。会计期末，如果发现账证不符，还有必要重新进行账证核对，但这时的账证核对是通过试算平衡发现记账错误之后再按一定的线索进行。

2. 账账核对

会计账簿是一个有机的整体，既有分工又有衔接，各个账簿之间的衔接依存关系就是常说的账簿勾稽关系。利用这种关系可以通过账簿的相互核对发现记账工作是否正确。账账核对包括以下内容：

（1）总分类账簿有关账户的记录核对。具体做法是借助试算平衡原理，检查总分类账各账户的本期借方发生额与本期贷方发生额的合计数是否相等、期末借方余额与期末贷方余额的合计数是否相等。

（2）总分类账簿与所属明细分类账簿核对。具体做法是借助平行登记原理，检查总分类账各账户的借方、贷方本期发生额和期末余额的合计数与所属明细分类账的借方、贷方本期发生额和期末余额的合计数和是否相等。

（3）总分类账簿与序时账簿核对。具体做法是借助内部控制制度——钱账分管制度，利用岗位分工的不同，检查出纳员负责登记的现金日记账和银行存款日记账与会计记账人员负责登记的现金总账和银行存款总账的期末余额是否相符。

3. 账实核对

账实核对是指将各项财产物资、债权债务等账面结存数与实际结存数核对。这种核对是通过财产清查进行的。

造成账实不符的原因是多方面的，如财产物资可能会有自然损耗，收发计量不准确，管理不善引起的损坏、丢失、被盗等；账簿记录中可能发生的重记、漏记、错记；凭证未到形成未达账项；以及发生意外灾害等。因此需要通过财产清查来弥补漏洞，保证会计信息的真实可靠，提高企业管理水平。

想一想

对账的基本工作流程是什么？

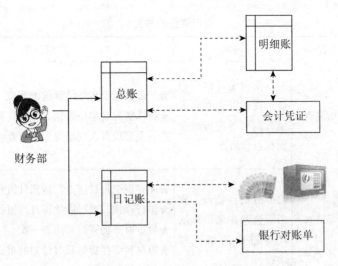

图 4-1　对账的基本工作流程

二、什么是财产清查

财产清查是指通过对货币资金、各项财产物资和往来结算款项的盘点或核对，确定其实有数，查明实存数与其账存数是否相符，并查明账实不符原因的一种会计核算的专门方法。

1. 财产清查的作用

(1) 保证会计核算资料的真实可靠。通过财产清查，可以查明实存数与账存数之间的差异以及产生差异的原因和责任，便于及时调整账面记录，使账存数与实存数一致，从而保证会计核算资料的真实可靠。

(2) 挖掘财产物资的潜力，加速资金周转。通过财产清查，可以查明各项财产物资的储备和利用情况，防止储备不足而延误生产经营，避免财产物资积压、呆滞而造成的浪费，从而充分挖掘财产物资的潜力，避免损失浪费，加速资金周转。

(3) 保护财产物资的安全完整。通过财产清查，可以发现各项财产物资管理上存在的问题，查明原因，分清责任，以便采取措施健全财产物资管理制度，确保财产物资的安全与完整。

(4) 维护财经纪律和结算制度的贯彻执行。通过财产清查，可以检查单位财经纪律的执行情况，查明各项债权、债务的结算情况，对于各项应收账款及时催收，及时处理坏账。对于各项应付款项及时清偿，避免长期拖欠，自觉遵守财经纪律和结算制度。

2. 财产清查的种类

按照不同的分类依据，财产清查可以有以下几种分类，如表 4-1 所示。

表 4 - 1 财产清查的种类

分类依据	分类结果	内涵	适用范围
按清查范围分	全面清查	对本单位全部财产物质、货币资金和往来结算款项等进行的全面盘点和清查	★一般只用于年终结算前的清查 ★特殊情况（单位撤销、合并、重组、股份制改造、主要负责人变动等）的清查
	局部清查	对部分财产物质、货币资金和往来结算款项等进行的盘点和清查	★库存现金每日清点，做到日清月结 ★银行存款、银行借款每月与银行核对一次 ★贵重财产物资每月清查一次 ★原材料等存货每月有计划的重点抽查 ★债权债务每年至少核对一至两次
按清查时间分	定期清查	按管理制度规定或预先计划安排的时间进行清查	★通常在月末、季末或年末结账时进行 ★可以是全面清查，也可以是局部清查
	不定期清查	事先没有规定的，根据实际需要进行的临时性清查	★根据需要临时进行 ★可以是全面清查，也可以是局部清查

3. 财产清查的盘存制度

（1）实地盘存制

又称实地盘存法，是指平时在账簿中只登记财产物资的增加数，不登记减少数，到月末结账时，根据实地盘点的实存数来倒挤本月的减少数，并据以登记有关账簿。即：

本期减少数 ＝ 账面期初余额＋本期增加数－期末实际结存数

（2）永续盘存制

又称账面盘存法，是指平时对各项财产物资的增加数和减少数，都要根据会计凭证连续记入有关账簿，并随时结出账面结存数额。即：

期末账面余额 ＝ 账面期初余额＋本期增加数－本期减少数

永续盘存制和实地盘存制这两种盘存制的比较如表 4 - 2 所示。

表4-2 两种盘存制的比较

盘存制度	永续盘存制	实地盘存制
确认方法	本期减少数量是根据发货凭证及时登记账簿计算出来，期末结存数量是根据账面记录计算出来	先通过清查盘点确认期末结存数量，再根据期末结存数量、本期增加数量和期末结存数量计算确定本期减少数量
优点	能够加强库存财产的管理，便于随时掌握各项财产的占用情况及其动态，有利于施行会计监督	方法简单，会计核算工作量小
缺点	存货的明细分类核算工作量较大，需要较多的人力和费用	各项财产的减少数没有严密的手续，倒挤出的各项财产的减少数中成分复杂，除了正常耗用外，可能存在很多非正常因素，因而不便于施行会计监督
适用范围	①拥有专业管理人员的大企业 ②管理中需要商品时，有销/存的详细信息 ③单位成本高的库存商品 ④销售量低或使用电算化会计系统 ⑤商品存储分散或存储与销售场所分离	①小企业，由经营者管理 ②在日常经营中不需要有关存货的详细记录 ③有许多不同类型的低成本商品 ④销量高且采用手工会计系统 ⑤缺少专职的会计人员 ⑥所有商品都存储在商场内

4. 财产清查的一般程序

财产清查是一项涉及面较广、工作量较大，既复杂又细致的工作。因此，必须有计划、有组织地进行。财产清查的一般程序如图4-2所示。

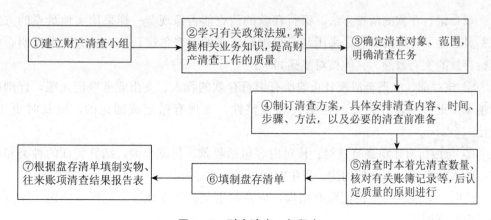

图4-2 财产清查一般程序

5. 财产清查的方法

（1）库存现金的清查方法。库存现金的清查采用实地盘点法进行。具体清查步骤如下：

① 盘点库存现金的实有数额；

② 与现金日记账的余额进行核对；

③ 检查账实是否一致，以及盈亏情况；

④ 盘点结束后，将现金盘点结果填列到"库存现金盘点报告表"内，如表4－3所示。由盘点人员和出纳人员共同盖章。

表4－3 　　　　　　　　　　　　　　**库存现金盘点报告表**

单位名称：

实存金额	账存金额	对比结果		备注
		盘盈	盘亏	

盘点人盖章：　　　　　　　　　　　　　　出纳员盖章：

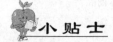 小 贴 士

盘点时需要注意以下情况：

① 现金盘点时，要求出纳人员必须在场；

② 盘点时，需要注意有无违反现金管理规定之处，如以白条抵库或库存现金超过规定限额现象；

③ "库存现金盘点报告表"是反映现金实存数的原始凭证，也是查明账实发生差异原因和调整账簿记录的依据。

（2）银行存款的清查方法。银行存款的清查能否像现金一样采用实地盘点的方式呢？显然是不可行的。它是采用与开户银行转来的对账单进行核对的方法来查明企业银行存款的实有数额。具体核对步骤如下：

① 核对前，应把至清查日止的所有银行存款的收入、支出业务登记入账，详细检查本单位银行存款日记账的正确性和完整性，发现有错记或漏记的，应及时更正、补记。

② 与银行对账单逐笔核对。核对内容包括收款、付款金额，结算凭证的种类和号数，收入的来源、支出的用途、发生时间以及存款余额等。

此时，如发现本单位记账有错误，应及时更正；如发现银行记账有错误，应及时通知银行查明更正。

其实，在很多情况下双方的余额都会出现不一致的现象，这是因为存在未达账项。

所谓未达账项，是指对于同一款项的收付业务，由于结算凭证传递时间和记账时间的不同，产生一方已经入账而另一方尚未入账的款项。未达账项有以下四种情况，如表4-4所示。

表4-4　　　　　　　　　　　　未达账项

情况	"企业"一方	"银行"一方	举例
1	款项收到已入账	尚未收款入账	企业将销售商品收到的转账支票存入银行，根据银行盖章退回的"进账单"回联已登记银行存款增加；而银行尚未登记入账
2	付款支付已入账	尚未付款入账	企业开出一张转账支票购买办公用品，企业根据支票存根、发货票及入库单等原始凭证，已记银行存款减少；而银行此时未收到付款凭证，尚未登记减少
3	尚未收款入账	款项收到已入账	外地某单位以汇兑方式支付企业销售货款，银行收到汇款后登记企业存款增加；而企业因未收到汇款凭证而尚未登记银行存款增加
4	尚未付款入账	付款支付已入账	银行受托代企业支付电费，银行已取得支付电费的凭证，已减少了企业的存款；企业未到银行领取支付电费凭证而未登记银行存款减少

上述任何一种情况的发生都会使企业和银行之间账簿记录不一致，因此，在核对账目时必须注意有无未达账项。

对于上述情况，应该通过编制"银行存款余额调节表"来进行调节，便于检查账簿记录的正确性。

"银行存款余额调节表"编制方法是在企业和其开户行各方现有银行存款余额的基础上，各自加上或减去已于未达而对方已达账项进行调节，验证调节后双方余额是否相等的一种方法。用公式表示如下：

企业银行存款日记账余额＋银行已入账收企业尚未入账的账款－
银行已付入账企业尚未入账的账款＝银行对账单余额＋
企业已收入账银行尚未入账的账款＋企业已付入账银行尚未入账的账款

【例】新新公司2014年3月31日银行存款日记账的账面余额为87 000元，银行对账单上的余额为94 000元，发现有下列未达账项：

①3月29日，企业支付货款开出转账支票一张计4 500元，企业登记入账，银行尚未入账；

②3月30日，银行收到企业委托收款12 200元，银行已登记入账，企业尚未入账；

③ 3 月 30 日，企业销售产品收到转账支票一张计 6 300 元，企业已登记入账，而银行尚未入账；

④ 3 月 31 日，银行代企业支付水电费 3 400 元，银行已登记入账，企业尚未入账。

根据上述未达账项，编制银行存款余额调节表，如表 4-5 所示。

表 4-5　　　　　　　　　　　　　银行存款余额调节表

2014 年 3 月 31 日　　　　　　　　　　　　　　　　　　　　　　　　　单位：元

项　目	金　额	项　目	金　额
企业银行存款日记账余额	87 000	银行对账单余额	94 000
加：银行已收，企业未收款项	12 200	加：企业已收，银行未收款项	6 300
减：银行已付，企业未付款项	3 400	减：企业已付，银行未付款项	4 500
调节后的存款余额	95 800	调节后的存款余额	95 800

需要注意的事项：

① 如果调整后的存款余额一致，说明双方没有记账错误；如果调整后的余额仍不相等，说明银行或企业记账有误，应查明原因予以更正。

② 调整后的余额才是企业当时实际可以动用的存款数额。

③ "银行存款余额调节表"只是起对账作用，不能作为调节银行存款日记账账面余额的凭证，应待以后有关原始凭证到达后，再作账务处理。

（3）往来款项的清查方法。往来款项的清查主要是指对各种应收款、应付款、暂收款、暂付款的清查。各种往来款项的清查，均应采用同对方核对账目的方法。具体做法要点如下：

① 在各种往来款项记录正确、完善的基础上，编制对账单，寄发或派人送交对方单位进行核对。

② 对账单按往来款项明细账户逐笔抄列，一式两联，其中一联作为回单，对方单位核对无误后，应在回单上盖章后退还本单位。如有未达账项，双方都应采用调节账面余额的方法核对是否相符，并将清查结果编制成"往来款项对账单"，其格式如表 4-6 所示。

表 4 - 6   往来款项对账单

会计科目：

明细科目		清查结果		校对不符单位及原因的分析				备注
名称	金额	核对相符金额	核对不符金额	争执中款项	未达账款项	无法收回或偿还的款项	其他	

往来款项清查可以查明有无双方发生争议的款项以及无法收回的款项，以便及时采取措施，避免或减少坏账。

6. 财产清查的账务处理

为了核算与监督企业在财产清查中查明的各种财产的盘盈、盘亏及处理情况，应设置"待处理财产损溢"账户。该账户应设置"待处理流动财产损溢""待处理固定财产损溢"明细账户进行核对。

借	待处理财产损溢	贷
①发现财产物资盘亏、毁损金额	①发现财产物资盘盈	
②批准转销的盘盈金额	②批准转销的盘亏、毁损金额	

想一想

如果企业和银行均无记账错误，企业的银行存款日记账余额与银行对账单余额会一致吗？

任务二 更正错账

任务导入

账簿记录难免发生错误，在手工记账时错账产生的原因有多种，但归纳起来，有账错和证错两种。账错，即记账凭证正确，在记账和结算账户时发生了错误；证错，即在填制记账凭证时错填了会计科目或金额，导致账簿记录发生错误。出现错账时不准涂改、挖补、刮擦或者用药水消除字迹，不准重新抄写，应根据错账的不同情况，按照规定的方法进行更正。

 知识准备

一、查找错账的方法

在记账过程中，可能会发生各种各样的差错，产生错账。当对账过程发现不符时应及时查找，根据错误情况采用正确的更正方法。错账查找的方法主要有：差数法、除2法、除9法和尾数法等。

（一）差数法

差数法是指按照错账的差数查找错账的方法。当发现借方记录大于贷方记录，以两者差额为依据查找，检查是否有一笔与差额相同金额的经济业务贷方漏记账。反之，查找是否有借方金额漏记账。所以差数法主要是看有无漏记、重记、记账串户、汇总串户等问题。

（二）除2法

除2法是指以试算不平衡的差数除以2的商来查找错账的方法。除2法一般来说是解决记账方向借贷错位的问题，当发现借方记录大于贷方记录，以两者差额除以2得到一个商数为依据查找，重点查找这个数字，检查是否有一笔与之相同金额的经济业务，将贷方金额错记为借方，即借方金额重复记账；或是查找是否有贷方金额重复记账。例如差额是200，就查找100这个数，看是否记账方向反了。

（三）除9法

除9法是指以试算不平衡的差数整除9的商来查找错账的方法。当借方不等于贷方，且两者差额能被9整除，这种错误无论是多记金额，还是少记金额，其差额必然是较小数的9倍。另一种可能是金额相邻数字错位，也就是将金额的前后数字颠倒，由此而产生的差额也能被9除尽，例如，520元误记为250元、5 200元、52元等。实务中除9法主要是检查是否有一笔与商相近金额的经济业务发生了移位或换位。

（四）尾数法

尾数法是指看所有账户的借方发生额合计数和贷方发生额的合计数的差额的尾数的方法。对于发生的角、分的差错可以只查找小数部分，以提高查错的效率。

二、错账更正方法

更正错账的方法一般有三种，即划线更正法、红字更正法和补充登记法。

（一）划线更正法

在结账核查时，如果发现账簿记录中有数字或文字错误，但记账凭证正确，即属于过账时的笔误，一般可采用划线更正法更正。

划线更正法的具体做法是：先在错误的文字或全部数字上划一条红线，表示错误的内容已被注销，但应保持记录文字或数字的内容清晰易于辨认。然后在划过线的数字或文字上端空白处用蓝、黑色墨水笔书写正确的数字或文字，并由记账人员在更正处签章，以保证以后会计核算的正确，同时明确相关责任人员。

更正数字错误与文字错误略有不同，文字错误可以只划去错误部分，但是数字错误应将全部数字划销。

（二）红字更正法

红字更正法又称红字冲销法，当出现以下两种情形之一时，可采用红字更正法。

1. 第一种情况

记账以后，发现记账凭证中的应借、应贷会计科目或记账方向有错误，且账簿记录与记账凭证相吻合，从而引起记账错误。更正做法是先用红字填写一张与原错误记账凭证完全相同的记账凭证，用红字登记入账，据以冲销原有的错误记录，再用蓝字填写一张正确的记账凭证，并据以记账。

2. 第二种情况

记账凭证中的会计科目和记账方向正确，记账凭证和账簿记录的金额也吻合，但是金额多记引起了记账错误。

更正做法是将多记的金额用红字填制一张与原记账凭证应借、应贷会计科目及借贷方向完全相同的记账凭证，据以登记有关的账簿，以冲销多记的金额。

（三）补充登记法

适用情况为记账凭证中的会计科目和记账方向正确，记账凭证和账簿记录的金额也吻合，但是金额少记引起了记账错误。

更正做法是将少记的金额用蓝字填制一张与原来记账凭证的应借、应贷会计科目及借贷方向完全相同的记账凭证，据以登账，以补充少记的金额。

三、更正错账的业务处理流程

更正错账的业务处理流程如图 4-3 所示。

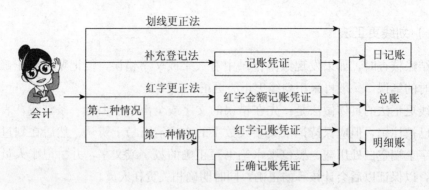

图4-3 更正错账业务处理流程

(一) 划线更正法

划线更正法的具体做法如图4-4所示。

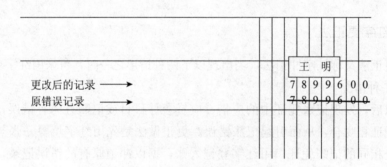

图4-4 划线更正法的具体做法

更正时需要注意：如系文字写错，可以只更正个别错字；若系数字写错，必须将错误数字全部注销，不能只更正该数字中的个别错误数码。如根据记账凭证入账时，误把78 996元记录为78 969元。更正时，不能只将"69"划一红线注销，写上"96"了事，而必须按照正确方法更正。划线更正法的错误做法如图4-5所示。

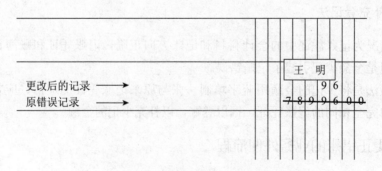

图4-5 划线更正法的错误做法

如果是记错账簿或记错方向，可将错误内容划红线注销，然后将正确的文字记录和数字重新过入应记的账簿或方向栏内，同时在注销处加盖记账人员印章。

（二）红字更正法

1. 用错账户

【例1】企业以现金698元购买办公用品，会计在填制记账凭证时应借记"管理费用"账户，贷记"库存现金"账户。但在编制记账凭证时，错将"库存现金"记作"银行存款"。发生错误的记账凭证、账簿如图4-6、图4-7所示（管理费用总账、明细账，银行存款总账略）。

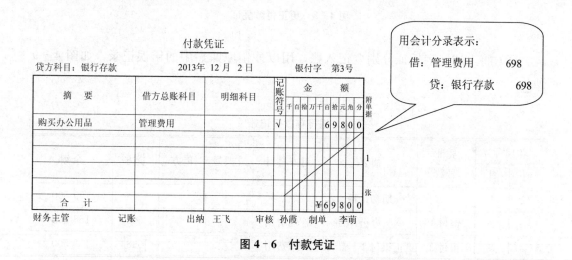

图4-6　付款凭证

银行存款日记账

2013年		凭证号数	摘要	对方科目	支票号	借方	贷方	余额
月	日							
12	1		期初余额					159 500
	2	银付1	购买办公用品	管理费用			698	158 802
		……		……			……	……

图4-7　银行存款日记账

更正过程如下：

（1）先用红字金额填制一张与原来错误的记账凭证内容完全相同的记账凭证，用红字登记入账，在"摘要"栏写明更正银付1号错账，金额698用红字填写，如图4-8所示（红字金额用数字加方框表示）。更正错账的记账凭证可以不附原始凭证。

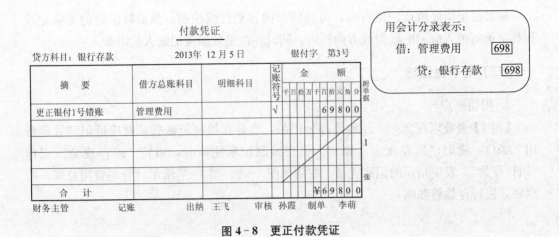

付款凭证

贷方科目：银行存款　　2013年 12 月 5 日　　银付字　第3号

用会计分录表示：
借：管理费用　698
贷：银行存款　698

摘　要	借方总账科目	明细科目	记账符号	金　额（千百拾万千百拾元角分）	附单据
更正银付1号错账	管理费用		√	6 9 8 0 0	
					1张
合　计				￥6 9 8 0 0	

财务主管　　记账　　出纳　王飞　　审核　孙霞　　制单　李萌

图 4-8　更正付款凭证

（2）将上述红字凭证分别登记入账，用以冲销原账户中的错误记录，如图 4-9 所示。

银行存款日记账

2013年 月	日	凭证号数	摘要	对方科目	支票号	借方	贷方	余额
12	1		期初余额					159 500
	2	银付1	购买办公用品	管理费用			698	158 802
	5	银付3	更正银付1号错账	管理费用			698	159 500

图 4-9　银行存款日记账

（3）用蓝字填制一张正确的记账凭证，用于重新登记入账，如图 4-10 所示。

付款凭证

贷方科目：库存现金　　2013年 12 月 5 日　　现付字　第1号

用会计分录表示：
借：管理费用　698
贷：库存现金　698

摘　要	借方总账科目	明细科目	记账符号	金　额（千百拾万千百拾元角分）	附单据
购买办公用品	管理费用		√	6 9 8 0 0	
合　计				￥6 9 8 0 0	

财务主管　　记账　　出纳　王飞　　审核　孙霞　　制单　李萌

图 4-10　正确凭证

（4）根据正确的记账凭证，重新登记入账，如图4-11所示。

现金日记账

2013 年		凭证号数	摘要	对方科目	借方	贷方	余额
月	日						
12	1		期初余额				800
	2	银付1	提现备用	银行存款	5 000		5 800
	2	银付2	王明预借差旅费	其他应收款		2 000	3 800
	…	……	……	……	……	……	……
	5	现付8	账买办公用品	管理费用		698	3 102

图 4-11　现金日记账

2. 账户使用正确，金额多记

【例2】在例1中记账凭证科目选用无误，但金额误记为968元，并已登记入账，如图4-12至图4-14所示（管理费用明细账，现金日记账略）。

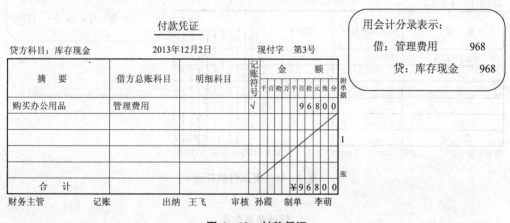

图 4-12　付款凭证

管理费用总账

2013 年		凭证号数	摘要	借方	贷方	借或贷	余额
月	日						
12	1	转1	领用物品	550		借	550
	2	现付3	购买办公用品	968		借	1 518

图 4-13　管理费用总账

库存现金总账

2013 年		凭证号数	摘要	借方	贷方	借或贷	余额
月	日						
2	1		期初余额			借	800
	2	银付 1	提取备用金	5 000		借	5 800
	2	现付 2	王明预借差旅费		2 000	借	3 800
	2	现付 3	购买办公用品		968	借	2 832

图 4‑14 库存现金总账

更正过程是用红字编制一张多记金额 270 元（968－698）的记账凭证，并据以登账，如图 4‑15 到图 4‑17 所示。

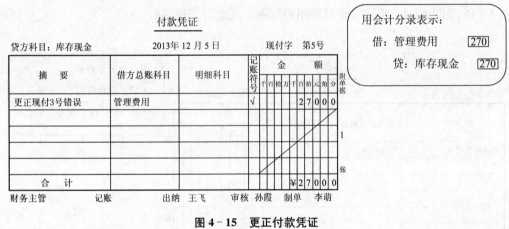

图 4‑15 更正付款凭证

管理费用总账

2013 年		凭证号数	摘要	借方	贷方	借或贷	余额
月	日						
12	1	转 1	领用物品	550		借	550
	2	现付 3	购买办公用品	968		借	1 518
···	······	······	······	······		······	······
	5	现付 5	更正现付 3 号错误	270		借	1 248

图 4‑16 管理费用总账

库存现金总账

2013年		凭证号数	摘要	借方	贷方	借或贷	余额
月	日						
12	1		期初余额			借	800
	2	银付1	提取备用金	5 000		借	5 800
	2	现付2	王明预借差旅费		2 000	借	3 800
	2	现付3	购买办公用品		968	借	2 832
…	…	……	……	……	……	……	……
	5	现付5	更正现付3号错误		270	借	3 102

图4-17 库存现金总账

(三)补充登记法

【例3】在例1中，记账凭证科目选用无误，但金额误记为689元，并已登记入账，如图4-18至图4-20所示（管理费用明细账，现金日记账略）。

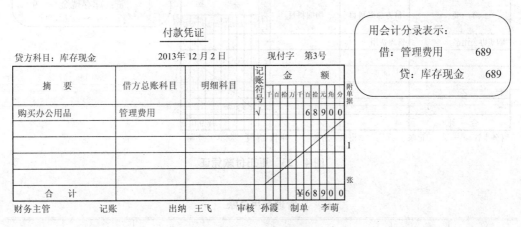

图4-18 付款凭证

管理费用总账

2013年		凭证号数	摘要	借方	贷方	借或贷	余额
月	日						
12	1	转1	领用物品	550		借	550
	2	现付3	购买办公用品	689		借	1 239

图4-19 管理费用总账

库存现金总账

2013 年		凭证号数	摘要	借方	贷方	借或贷	余额
月	日						
12	1		期初余额			借	800
	2	银付 1	提取备用金	5 000		借	5 800
	2	现付 2	王明预借差旅费		2 000	借	3 800
	2	现付 3	购买办公用品		689	借	3 111

图 4 - 20 库存现金总账

更正过程是用蓝字编制一张少记金额 9 元（698－689）的记账凭证，并据以登账，如图 4－21 到图 4－23 所示。

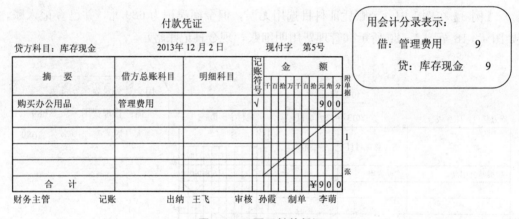

图 4 - 23 更正付款凭证

管理费用总账

2013 年		凭证号数	摘要	借方	贷方	借或贷	余额
月	日						
12	1	转 1	领用物品	550		借	550
	2	现付 3	购买办公用品	689		借	1 239
…	……	……	……	……		……	……
	5	现付 5	更正现付 3 号错误	9		借	1 248

图 4 - 22 管理费用总账

库存现金总账

2013 年		凭证号数	摘要	借方	贷方	借或贷	余额
月	日						
12	1		期初余额			借	800
	2	银付1	提取备用金	5 000		借	5 800
	2	现付2	王明预借差旅费		2 000	借	3 800
	2	现付3	购买办公用品		689	借	3 111
…	……	……	……	……		……	……
	5	现付5	更正现付3号错误		9	借	3 102

图 4 – 23　库存现金总账

任务三　结账

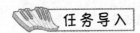

会计对完账后，到了期末应当按照规定定期结账，那么该如何结账呢？

一、什么是结账

结账是指在会计期末对对账簿记录的结束工作，是在把一定时期内发生的经济业务全部登记入账的基础上，将各种账簿的记录结算清楚，结算出每个账户的本期发生额和期末余额，以便根据账簿记录编制财务报表。

二、结账的程序

（1）将本期发生的经济业务全部登记入账，并保证其正确性；

（2）按照会计准则的规定进行调整，合理确定本期应计的各种收入、成本和费用；

（3）将损益类账户转入"本年利润"账户，结平所有损益类账户；

（4）结算出各种资产、负债和所有者权益账户的本期发生额和期末余额，并将期末余额结转至下一会计期间。

三、结账方法

根据结账时期的不同，可分为月结、季结和年结三种。

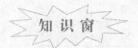

在对账不平衡的情况下不允许月末结账。

（1）月结或季结。即结清一个月（或一个季度）的账簿记录。办理月结（或季结）时，先在各账户本月份（或本季度）最后一笔记录下面划一道红线，在"摘要"栏写明"本月（季）发生额及本月（季）末余额"或"本月（季）合计"字样，结算出本月（季）发生额和余额（当余额为0时，应在"借或贷"栏内写上"平"，在金额栏"元"位写"θ"），然后在下面再划一条通栏红线，以便与下月（或季度）发生额划分清楚。总账月结的例子如图4-24所示。

总　账

会计科目：应收账款

2014年		凭证号数	摘要	借方	贷方	借或贷	余额
月	日						
1	1		上年结转			借	80 000
	10	转6	销售101产品	117 000		借	197 000
	15	银收9	收回红星厂欠款		56 000	借	141 000
	26	转20	收商业汇票抵欠款		24 000	借	117 000
	31		本月合计	117 000	80 000	借	117 000

图4-24　总账月结

（2）年结。即结清一个会计年度的账簿记录。办理年结时，在第12月份或第四个季度结账记录的下一行填列全年12个月的发生额合计数，在"摘要"栏内注明"全年发生额及年末余额"或"本年合计"字样，并在下面划两道红线，以示年度封账，表示本年度记账工作全部结束。总账年结的例子如图4-25所示。

总　账

会计科目：应收账款

2014年		凭证号数	摘要	借方	贷方	借或贷	余额
月	日						
12	1		上月结转			借	360 000
	6	转4	销售601产品	102 000		借	762 000
	12	银收9	收回海达厂欠款		62 000	借	700 000
	24	转27	核销西南厂坏账		50 000	借	650 000
12	31		本月合计	102 000	112 000	借	650 000
	31		本年累计	5 917 000	5 347 000	借	650 000

图4-25　总账年结

任务巩固

1. 单项选择题

(1) 财产清查按照（　　）可以分为全面清查和局部清查。

　　A. 清查的时间　　　　　　　　B. 清查的方法

　　C. 清查的地点　　　　　　　　D. 清查的范围

(2) 财产清查按照（　　）可以分为定期清查和不定期清查。

　　A. 清查的时间　　　　　　　　B. 清查的方法

　　C. 清查的地点　　　　　　　　D. 清查的对象和范围

(3) 对库存现金进行盘点时，（　　）必须在场。

　　A. 会计人员　　　　　　　　　B. 出纳人员

　　C. 单位负责人　　　　　　　　D. 上级主管单位负责人

(4) 对于现金进行盘点时，盘点结果应编制的原始凭证是（　　）。

　　A. 盘存单　　　　　　　　　　B. 账存实存对比表

　　C. 库存现金盘点表　　　　　　D. 银行对账单

(5) 对银行存款进行清查时，应将（　　）与银行编制的对账单进行逐笔核对。

　　A. 银行存款总账　　　　　　　B. 银行存款日记账

　　C. 银行存款结算单据　　　　　D. 支票簿

(6) 银行存款实有数为（　　）。

　　A. 银行存款日记账余额

　　B. 银行对账单余额

　　C. 银行存款余额调节表中调节后相等的余额

D. 以上都不对

(7) 银行存款余额调节表中调节后余额相等，说明（　　　）。

    A. 企业和银行账面记录肯定没有错误

    B. 企业和银行账面记录一般没有错误

    C. 企业和银行账面记录肯定没有错误

    D. 企业和银行账面记录一般有错误

(8) 银行存款余额调节表中调节后余额不相等，说明企业或银行账面记录（　　　）。

    A. 肯定有错误   B. 肯定没有错误

    C. 一般有错误   D. 一般没有错误

(9) 进行财产清查，是为了检查（　　　）。

    A. 账账是否相符   B. 账表是否相符

    C. 账证是否相符   D. 账实是否相符

(10) 下面表述正确的是（　　　）。

    A. 在银行存款清查中，即使本单位和开户银行的记账均正确，该单位的银行存款日记账和送来的账单还是可能不一致

    B. 对于未达账项，应编制银行存款余额调节表进行调节，同时将未达账项编制记账凭证调整入账

    C. 对于各种往来款项的清查，应采用与对方单位核对账目的方法

    D. 通过银行存款余额调节表调节后相等的余额为企业可运用的银行存款实有数

2. 多项选择题

(1) 财产清查是指通过对（　　　）的盘点或核对，确定其实存数，查明账存数与实存数是否相符的一种专门方法。

    A. 利润   B. 货币资金

    C. 实物资产   D. 往来款项

(2) 财产清查包括（　　　）。

    A. 实物清查   B. 现金清查

    C. 银行存款清查   D. 债权债务清查

(3) 实地盘点法可用于（　　　）清查。

    A. 实物   B. 库存现金

    C. 银行存款   D. 往来款项

(4) 银行存款日记账与银行对账单不一致的原因有（　　　）。

    A. 企业或银行出现记账错误   B. 出现未达账项

    C. 出现已达账项   D. 以上均是

(5) 未达账项包括（　　　）。

    A. 企业已记收，银行未记收的款项

B. 企业已记付，银行未记付的款项

C. 银行已记收，企业未记收的款项

D. 银行已记付，企业未记付的款项

(6) 财产清查的意义在于（　　）。

　　A. 加强企业管理　　　　　　　B. 提高企业利润

　　C. 发挥会计监督的作用　　　　D. 以上均不是

(7) 不定期清查通常是局部清查，主要适用于以下几种情况（　　）。

　　A. 上级主管部门、银行、税务、审计等部门对单位进行检查，按具体要求进行的清查

　　B. 企业更换出纳员和其他财产保管人员时，为分清交接前后经济责任而进行的清查

　　C. 企业发生自然灾害、意外灾害或者贪污盗窃等情况时，需要确定损失情况进行的清查

　　D. 单位发生合并、分立、清算等产权变动时对相应财产进行的清查

(8) 只有在以下情况下才会使用全面清查（　　）。

　　A. 在年终结算前，为了保证年度会计报表资料的真实可靠进行的清查

　　B. 为明确经济责任，在企业发生撤销、破产清算、合并、清产核资或改变隶属关系的时候进行的清查

　　C. 在单位主要领导干部调离工作岗位时进行的清查

　　D. 以上均不是

(9) 通常，财产清查的一般程序包括以下几个环节（　　）。

　　A. 建立财产清查组织

　　B. 确定清查对象、范围，明确清查任务

　　C. 确定清查方案，具体安排清查内容、时间、步骤、方法，以及必要的清查前准备

　　D. 根据盘存清单，填制实物、往来款项清查结果报告表

(10) 银行存款的清查，需将（　　）进行相互逐笔核对。

　　A. 银行存款总账　　　　　　　B. 银行对账单

　　C. 银行存款日记账　　　　　　D. 支票登记簿

(11) 企业资产的账实不符主要来自以下几个方面（　　）。

　　A. 收发财产物资时，由于计量和检验不够准确而发生的品种、数量、质量上的差错

　　B. 登记财产物资时，发生漏记、重记或计算错误等

　　C. 财产物资保管过程中的自然损耗或升溢

　　D. 营私舞弊、贪污盗窃而发生的短缺和损失

(12) 局部清查的内容通常包括（　　）。

A. 每天由出纳人员核对企业的现金

B. 每月至少对银行存款和往来银行的对账单进行一次逐笔核对

C. 对于材料、在主品、产成品等流动性较大的财产物资，在年度内进行重点抽查或轮流盘点

D. 对各种贵重物品每月进行一次清查

(13) 在对财产清查结果进行处理时，下面为审批前处理步骤的是（　　　）。

A. 根据已经查实的数据资料，编制记账凭证，记入有关账簿，使账簿记录与实际盘存数相符

B. 根据企业的管理权限，将处理建议报股东大会或董事会，或经理（厂长）会议或类似机构批准

C. 进行差异处理

D. 以上均不是

3. 判断题

(1) 银行存款日记账和银行对账单都正确时，二者的余额仍然有可能不一致。（　　）

(2) 往来款项的清查，采用与对方核对账目的方法。（　　）

(3) 对于未达账项应编制银行存款余额调节表进行调节，同时将未达账项编制记账凭证调整入账。（　　）

(4) 在银行存款清查中，如果本单位和开户银行的记账均正确，那么该单位的银行存款日记账和送来的账单肯定是一致的。（　　）

(5) 企业每月都应进行一次全面清查。（　　）

(6) 期末，应核对现金日记账银行存款日记账和明细账的余额同有关总分类账的余额是否相符。（　　）

(7) 在对财产清查结果进行处理时，在审批之后，应根据已经查实的数据资料，编制记账凭证，记入有关账簿，使账簿记录与实际盘存数相符。（　　）

(8) 实物盘点法适用于大量的、成堆的、无法逐一清点或准确计量的实物资产、通常用于煤炭、砂石等大宗物资的清查。（　　）

(9) 定期清查通常在月末、季末、年末进行，清查范围通常根据管理的需要而定，可以是全面清查，也可以是局部清查。（　　）

(10) 局部清查的对象主要是流动性较大的财产以及容易造成短缺、损耗的贵重财产物资。（　　）

操作训练

训练一

(1) 目的：练习错账更正的方法。

（2）内容：海丰公司会计人员在 2007 年 9 月末结账前进行对账时，查找出以下错账：

① 计提车间管理用房屋及设备的折旧 28 000 元，编制的记账凭证为：

借：管理费用　　　　　　　　　　　　　　　2 800

　贷：累计折旧　　　　　　　　　　　　　　　　　2 800

② 签发转账支票 5 000 元支付办公楼维修费，编制的记账凭证为：

借：营业费用　　　　　　　　　　　　　　　5 000

　贷：银行存款　　　　　　　　　　　　　　　　　5 000

③ 生产产品领用材料 62 000 元，编制的记账凭证为：

借：生产成本　　　　　　　　　　　　　　　26 000

　贷：原材料　　　　　　　　　　　　　　　　　　26 000

④ 应结转当期已销商品成本 270 000 元，编制的记账凭证为：

借：主营业务成本　　　　　　　　　　　　　720 000

　贷：库存商品　　　　　　　　　　　　　　　　　720 000

（3）要求：指出对上述错账应采用何种更正方法，并进行错账更正。

训练二

（1）目的：练习银行存款对账方法。

（2）内容：海丰公司 2014 年 9 月 25～30 日银行存款账面记录如下：

① 25 日开出支票♯1706，支付购入材料运费 280 元；

② 26 日开出支票♯1709，支付购入材料价款 29 870 元；

③ 27 日存入销货款转账支票 55 000 元；

④ 28 日开出支票♯1710 号，支付委托外单位加工费 3 150 元；

⑤ 30 日存入销货款转账支票 36 000 元；

⑥ 30 日开出支票♯1712 号，支付职工培训费 360 元；

⑦ 30 日银行存款账面结存金额为 86 786 元。

银行对账单记录为：

① 27 日支票♯1709 付出　　　　　　　29 870 元；

② 28 日转账收入　　　　　　　　　　55 000 元；

③ 28 日代交电费　　　　　　　　　　　2 310 元；

④ 28 日支票♯1706 付出　　　　　　　　 280 元；

⑤ 29 日存款利息收入　　　　　　　　　 699 元；

⑥ 29 日代收五一公司货款　　　　　　22 640 元；

⑦ 30 日支票♯1710 付出　　　　　　　　3 150 元；

⑧ 30 日银行对账单余额　　　　　　　68 330 元。

（3）要求：根据上述资料找出未达账项，并编制银行存款余额调节表。如表 4－7 所示。

表 4 - 7   银行存款余额调节表
                                  年   月   日   单位：元

项　　目	金　额	项　　目	金　额
调节后的存款余额		调节后的存款余额	

项目五　财务报表

【知识与技能目标】

1.了解财务报表的概念、种类和编制的目的、作用；

2.知道主要财务报表的基本结构内容；

3.会编制简单的资产负债和利润表，并进行简单指标分析。

【过程与方法】

通过案例了解资产负债表、利润表的内容和结构，运用前面账簿的数据动手编制简单的会计报表。

【情感态度与价值观】

会计人员编制的财务报表与国家和社会公众的经济利益密切相关。如果会计人员不能做到客观公正，会计信息就有可能失真，国家和社会公众利益将受到损害。要培养诚实守信、操守为重、信誉至上的职业情操。

任务一　编制资产负债表

财务报表就是企业经营业绩的一张成绩单，你想了解企业的经营情况吗？你知道主要通过哪些渠道能够了解到企业的经营信息吗？其实，最便捷的渠道就是解读企业的财务报表。企业财务报表能够提供企业是否安全运行的基本信息。

一、编制财务报表前的准备工作

企业在编制财务报表之前，需要做的准备工作主要包括以下内容：

（1）检查经济业务是否记录完整、全面，有无漏记、重记、错记和错算等；

（2）检查账簿记录、计算是否规范，是否按规定结账；

（3）进行财产清查，检查是否做到账账相符、账证相符、账款相符、账物相符。

二、编制财务报表的基市要求

为保证会计报表的信息质量，在编制会计报表时，应该做到以下几方面。

1. 数字真实

数字真实主要是指企业提供的会计资料应当真实可靠，不能用估计数代替实际数，不能弄虚作假，不能篡改或隐瞒。

2. 内容完整

内容完整是指企业提供的会计报表应该是按照国家统一制度规定编报的，无论是表内项目还是补充资料，必须填写齐全，不准漏报、漏编。

3. 计算准确

计算准确就是在报表项目内容填写完整的基础上，报表数字的计算要准确，不能有错算、漏算或重复计算等现象。

4. 说明清楚

对于企业提供的会计报表，按照规定需要加以说明的事项或数据，应当用简洁的语言予以清晰说明。

5. 报送及时

企业提供的会计报表具有较强的时效性，所以，必须按照规定的时间期限和程序及时编制，及时报送。

三、资产负债表的作用

资产负债表是反映企业在某一特定日期全部资产、负债和所有者权益情况的报表。资产负债表也可以表述为反映企业在某一特定日期财务状况的报表。因为是"特定的日期"的资产负债表，所以，它是静态报表。

资产负债表是企业会计报表体系中的一张最主要的会计报表，它所提供的信息资料对于企业管理部门、上级主管部门、投资者、银行及其他金融机构、税务部门等都有重要的作用，如图 5-1 所示。

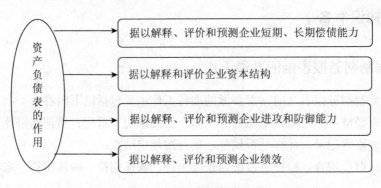

资产负债表的作用

- 据以解释、评价和预测企业短期、长期偿债能力
- 据以解释和评价企业资本结构
- 据以解释、评价和预测企业进攻和防御能力
- 据以解释、评价和预测企业绩效

图 5-1 资产负债表的作用

四、资产负债表编制的依据

资产负债表编制的理论依据是会计恒等式，即：资产＝负债＋所有者权益。

五、资产负债表的格式与结构

1. 资产负债表的格式

左边列示资产项目，右边列示负债和所有者权益项目，从而使资产负债表左右平衡。

2. 资产负债表的结构

（1）表头部分列示报表的名称、编制单位、编制日期、货币计量单位；

（2）基本部分反映资产负债表日企业的资产、负债和所有者权益的具体组成金额；

（3）补充资料列示有关资产的必要补充内容。

不论何种格式的资产负债表，都需要把所有项目按一定的标准进行分类，并以适当的顺序加以排列。资产项目按其流动性排列，流动性大的排在前，流动性小的排在后；负债项目按其到期日的远近排列，到期日近的排在前，到期日远的排在后；所有者权益项目按其永久性程度的高低排列，永久性程度高的排在前，永久性低的排在后。

六、资产负债表的编制方法

资产负债表各项目均分为"年初数"和"期末数"。

1. 年初数

"年初数"栏内的各项数字，应根据上年末资产负债表"期末数"栏内相关数字填列。

2. 期末数

"期末数"栏内的各项数字，主要来源于本期会计账簿记录。其中，有的数字可以根据相关账户的期末余额直接填列，有的需要对有关账户进行合并或分析调整后再填列。"期末数"主要计算填列方法如下：

（1）根据总账账户期末余额直接填列。这类账户主要有应收票据、应收股息、应付票据、应付职工薪酬、实收资本、资本公积等。

（2）根据若干总分类账户的期末余额计算填列。

①资产负债表中"货币资金"项目＝（"库存现金"＋"银行存款"＋"其他货币资金"）账户的期末余额合计数；

②资产负债表中"存货"项目＝（"在途物资"＋"原材料"＋"库存商品"＋"生产成本"）等账户的期末余额合计数；

③资产负债表中"未分配利润"项目＝"本年利润"与"利润分配"账户的期末余额之差（如为未弥补亏损，在本项目中用"－"号表示）。

（3）根据总分类账户期末余额与相关明细分类账户期末余额分析填列。资产负债表中"长期借款""长期应付款""应付债券"等项目，如果其明细账中有一年内将要到期的负债，则应根据其总分类账户期末余额减去各该账户中一年内到期将要偿还数额之后的余额填列。类似账户还有"长期债券投资"项目。对于一年内到期的长期资产或长期负债项目，应分别列入流动资产或流动负债相关项目栏内。

（4）根据总账账户与其备抵账户相抵后的金额计算填列。"应收账款""存货""长期股权投资""固定资产""无形资产"等项目都以其账面余额扣除计提的减值准备后的余额填制。

想一想

对于一年内到期的长期资产或长期负债，应列入资产负债表中哪个项目栏内？

七、资产负债表编制实例

【例】石家庄市厚普文化用品有限公司为编制 2014 年 12 月 31 日资产负债表，提供总分类账户的期末余额与有关明细分类账户的期末余额，如表 5 - 1 所示。

表 5 - 1   总分类账户余额表

2014 年 12 月 31 日   单位：元

账　户	借方余额	账　户	贷方余额
库存现金	5 000	短期借款	907 500
银行存款	1 959 000	应付票据	455 000
其他货币资金	600 000	应付账款	980 000
应收股利	76 000	应付职工薪酬	810 000
应收票据	108 000	应缴税费	459 800
应收账款	899 000	应付股利	155 000
其他应收款	990 000	坏账准备	9 450
在途物资	150 000	累计折旧	1 275 000
原材料	2 550 600	长期借款	359 050
库存商品	570 450	长期应付款	699 000
生产成本	234 500	实收资本	163 500
长期债权投资	1 468 000	资本公积	1 455 890
固定资产	12 750 000	盈余公积	863 700
无形资产	253 000	本年利润	7 107 110
利润分配	86 450		
合计	22 700 000	合计	22 700 000

请根据所给资料计算以下内容：

1）资产负债表中"货币资金"和"存货"项目的金额分别是多少元？

货币资金＝5 000＋1 959 000＋600 000 = 2 564 000（元）

存货＝150 000＋2 550 600＋570 450＋234 500 = 3 505 550（元）

2）资产负债表中的"应收账款"和"固定资产"分别是多少元？

应收账款（净值）＝"应收账款"账户借方余额－"坏账准备"账户贷方余额

= 899 000－9 450 = 889 550（元）

固定资产（净值）＝"固定资产"账户借方余额－"累计折旧"账户贷方余额

=12 750 000－1 275 000 = 11 475 000（元）

3）资产负债表中的"未分配利润"是多少？

未分配利润＝"本年利润"贷方余额－"利润分配"借方余额

= 7 107 110－ 86 450 = 7 020 660（元）

根据以上结果，编制资产负债表，如表5－2所示。

表5－2　　资产负债表　　企会01表

编制单位：石家庄市厚普文化用品有限公司　　2014年12月31日　　单位：元

资　产	期末余额	年初余额	负债和所有者权益	期末余额	年初余额
流动资产：			流动负债：		
货币资金	2 564 000		短期借款	907 500	
应收票据	108 000		应付票据	455 000	
应收账款	889 550		应付账款	980 000	
应收股利	76 000		应付职工薪酬	810 000	
其他应收款	990 000		应缴税费	459 800	
存货	3 505 550		应交股利	155 000	
流动资产合计	8133 100		其他应付款		
非流动资产：			流动负债合计	3 767 300	
长期股权投资	1 468 000		非流动负债：		
固定资产	11 475 000		长期借款	359 050	
固定资产清理			长期应付款	699 000	
无形资产	253 000		非流动负债合计	1 058 050	
长期待摊费用			负债合计	4 825 350	
非流动资产合计	13 196 000		所有者权益		
			实收资本	7 163 500	
			资本公积	1 455 890	

续　表

资　产	期末余额	年初余额	负债和所有者权益	期末余额	年初余额
			盈余公积	863 700	
			未分配利润	7 020 660	
			所有者权益合计	1 650 375	
资产总计	21 329 100		负债和所有者权益总计	21 329 100	

各期间财务会计报告编制的时间要求：

1. 月度财务会计报告。在每月终了时编制，应于月份终了后 6 日内报出，至少应当包括资产负债表和利润表。

2. 季度财务会计报告。在每季终了时编制，应于季度终了后 15 日内报出，包括的内容与月度财务会计报告基本相同。

3. 半年度财务会计报告。在上半年终了时编制，60 天内报出。

4. 年度财务会计报告。在每年度终了时编制，应于年度终了后 4 个月内报出，包括财务报告的全部内容。

任务二　编制利润表

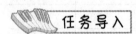

小王知道了资产负债表是如何编制的，但是他认为资产负债表不能准确反映企业经营的好与坏，所以他觉得利润表才最能反映企业经营赚钱与否。那么，到底是不是这样呢？

一、利润表的作用

利润表是反映企业在一定会计期间内盈利（或亏损）情况的报表。利润表也可以表述为反映企业在一定会计期间的经营成果情况的报表。因为利润表的编制时间是"一定会计期间"，所以利润表是动态报表。

利润包括收入减去费用后的净额、直接计入当期利润的利得和损失等。如果所得结果为正，是盈利；反之，则是亏损。编制利润表的主要目的是将企业经营成果的信息提供给各种报表用户，以供他们作为决策的依据或参考。利润表的作用如图5-2所示。

想一想

资产负债表和利润表两者有什么不同？

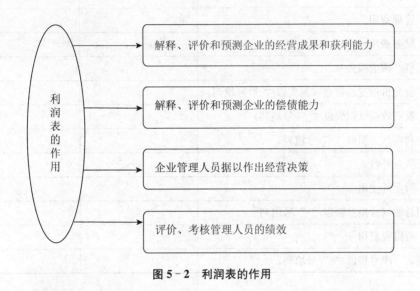

图5-2 利润表的作用

二、利润表编制的依据

利润表的编制依据是收入与费用的配比原则，即：收入－费用＝利润。

三、利润表的格式

利润表一般有表首、正表两部分。正表是利润表的主体，反映形成经营成果的各个项目和计算过程。

我国利润表正表格式为多步式，其特点是分层次、分步骤进行利润计算。第一步，以营业收入为基础，通过加/减项目计算出营业利润；第二步，在营业利润的基础上，计算利润总额；第三步，计算净利润（或净亏损）。企业利润表的基本结构如表5-3所示。

表 5-3 　　　　　　　　　　**利润表** 　　　　　　　　　　企会 02 表

编制单位：　　　　　　　　　　　年　　月　　　　　　　　　　单位：元

项 目	本期金额	上期金额
一、营业收入		
减：营业成本		
营业税金及附加		
销售费用		
管理费用		
财务费用		
资产减值损失		
公允价值变动收益（损失以"-"号填列）		
加：投资收益（损失以"-"号填列）		
二、营业利润（亏损以"-"号填列）		
加：营业外收入		
减：营业外支出		
三、利润总额（亏损总额以"-"号填列）		
减：所得税费用		
四、净利润（净亏损以"-"号填列）		

其计算公式如下：

营业利润＝营业收入－营业成本－营业税金及附加－销售费用－

管理费用－财务费用＋投资收益

利润总额＝营业利润＋营业外收入－营业外支出

净利润＝利润总额－所得税费用

四、利润表的编制方法

1. 本期金额

"本期金额"栏反映各项目的本月实际发生数，根据有关账户的发生额直接或分析计算填列。在编制中期和年度报表时，填列上年同期累计实际发生数和上年累计实际发生数。

2. 上期金额

"上期金额"栏反映各项目上一个报告期的实际发生数。

无论是"本期金额"还是"上期金额",如果有关项目分析计算结果为损失或亏损,则用"-"号表示。

3. 利润表中,主要项目计算方法是:

(1) 一般根据账户的本期发生额分析填列。"营业收入"项目,主要指主营业务收入和其他业务收入。应根据"主营业务收入"和"其他业务收入"账户的发生额分析填列。

"营业成本"项目,指主营业务成本和其他业务成本,应根据"主营业务成本"和"其他业务成本"账户的发生额分析填列。

"营业税金及附加"项目,反映企业经营业务应负担的营业税、消费税、城市维护建设税、资源税、土地增值税和教育费附加等,但不包括增值税。本项目应根据"营业税金及附加"账户的发生额分析填列。

"销售费用""管理费用""财务费用""资产减值损失""营业外收入""营业外支出""所得税费用"等项目,分别根据其各自账户的发生额分析填列。

"公允价值变动损益"项目,反映企业公允价值变动所形成的当期利得或损失。"投资收益"项目,反映企业对外投资所取得的收益或损失。该两个项目分别应根据其账户的发生额分析填列。如为贷方,表示收益;如为借方,则为损失,以"-"号填列。

(2) 利润的构成分类项目根据本表有关项目计算填列。利润表中"营业利润""利润总额""净利润"等项目,均根据有关项目计算填列,此处不再赘述。

想一想

利润表中会有负数吗?利润表中的"净利润"项目,怎样和资产负债表中的"未分配利润"衔接?

五、利润表编制实例

【例】石家庄市厚普文化用品有限公司 2014 年 10 月有关收入、成本和费用的数据如下:

主营业务收入 550 000 元	主营业务成本 370 000 元
销售费用 30 000 元	营业外收入 8 000 元
营业外支出 4 000 元	管理费用 5 000 元
财务费用 3 000 元	营业税金及附加 9 350 元
投资收益 23 500 元	所得税费用 48 050 元

请根据以上资料计算该公司的最终经营成果是多少？

营业利润＝营业收入－营业成本－营业税金及附加－销售费用－管理费用－

    财务费用＋投资收益

营业利润＝550 000－370 000－9 350－30 000－5 000－3 000＋23 500

   ＝156 150（元）

利润总额＝营业利润＋营业外收入－营业外支出

   ＝156 150＋8 000－4 000

   ＝160 150（元）

  净利润＝利润总额－所得税费用

   ＝160 150－48 050

   ＝112 100（元）

根据以上结果编制利润表，如表5-4所示。

表5-4   **利润表**   企会03表

编制单位：石家庄市厚普文化用品有限公司   2014 年 10 月   单位：元

项　目	本期金额	上期金额
一、营业收入	550 000	
减：营业成本	370 000	
营业税金及附加	9 350	
销售费用	30 000	
管理费用	5 000	
财务费用	3 000	
加：投资收益（损失以"-"号填列）	23 500	
二、营业利润（亏损以"-"号填列）	156 150	
加：营业外收入	8 000	
减：营业外支出	4 000	
三、利润总额（亏损总额以"-"号填列）	160 150	
减：所得税费用	48 050	
四、净利润（净亏损以"-"号填列）	112 100	

知识窗

报表编制完毕，应在报表下面的编制人、审核人、会计主管处签章，并在表头编制单位处加盖公章。报表装订后，在报表封面应注明企业名称、报表所属年度、月份等，并由企业法定代表人、总会计师和会计主管人员签名或盖章，同时加盖单位公章。

任务三　分析财务报表

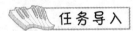

任务导入

财务报表编制出来后，里面大量的数据对企业有什么用处？怎样用？能够给企业提供什么帮助？给他人提供什么信息？下面，我们一起来研究一下吧！

知识准备

一、资产负债表简单分析

1. 偿债能力分析

偿债能力是指企业偿还各种到期债务的能力，它反映了企业经济实力的大小和商业信用的好坏。反应企业偿债能力的指标有如下几个：

（1）流动比率。流动比率是企业的流动资产与流动负债的比率，它表明每一元的流动负债能有多少元流动资产做保障。其计算公式为：

$$流动比率＝流动资产÷流动负债$$

对于该指标需要说明的是：流动比率是否合理，不同的企业以及同一企业不同时期的评价标准是不同的。通常认为，该比率在 2∶1 左右比较合适。

（2）速动比率。速动比率是企业的速动资产与流动负债的比率。所谓速动资产是指那些能在短时期内变现的资产，主要包括货币资金、短期投资、应收账款、应收票据，以及其他应收款等。也可以说，流动资产减去存货、预付账款和待摊费用后的余额就是速动资产。速动比率计算公式为：

$$速动比率＝速动资产÷流动负债$$

通常认为，该比率在 1∶1 左右比较合适。比率过低，会使企业面临偿债风险；比率过高，会造成企业资金闲置，影响资金周转。

（3）现金比率。现金比率是企业的现金类资产与流动负债的比率，可以反映企业的直接支付能力。现金类资产包括企业拥有的现金和现金等价物（如三个月到期的短期债券投资）。现金比率计算公式为：

$$现金比率＝（现金＋现金等价物）÷流动负债$$

从计算公式内容可以看出：现金比率越高，企业短期偿债能力越强。但同时也可能说明企业现金类资产获利能力不高，或没有充分利用。

（4）资产负债率（也称负债比率）。资产负债率是指企业资产总额与负债总额的比率。它反映企业的资产总额中有多少是通过举债而得到的。其计算公式为：

$$资产负债率＝负债总额÷资产总额$$

资产负债率为多少才合适，没有确定的标准。对于企业在初创时期，负债比率会高一些。一般情况认为：资产负债率越高，企业偿还债务的能力越差；反之，企业偿还债务的能力越强。

2. 营运能力分析

企业的营运能力是指企业对其各种资源的管理和运用能力，它体现了企业整体管理水平如何。通常，评价企业营运能力常用的财务指标有存货周转率、应收账款周转率、流动资产周转率等。

（1）存货周转率。存货周转率是企业一定时期的销售成本或销售收入与平均存货的比率，它说明了一定时期内企业存货周转的次数。其计算公式为：

$$存货周转次数＝销售成本/（期初存货＋期末存货）/2$$
$$＝销售收入/（期初存货＋期末存货）/2$$

存货周转状况也可以用存货周转天数来表示。其计算公式为：

$$存货周转天数＝360/存货周转次数$$

周转率越高，周转天数越短，说明存货周转得越快，企业销售能力越强。

（2）应收账款周转率

应收账款周转率是企业一定时期销售收入与应收账款平均余额的比率，它反映了应收账款的周转速度，即从取得应收账款的权利到收回款项，转换为现金所需要的时间长度。其计算公式为：

$$应收账款周转次数＝销售收入/应收账款平均余额$$
$$＝销售收入/（期初应收账款＋期末应收账款）/2$$

应收账款周转率也可以用应收账款周转天数来反映。周转期越短，应收账款的收回速度越快，短期偿债能力较强。其计算公式为：

$$应收账款周转天数＝360/应收账款周转次数$$

（3）流动资产周转率。流动资产周转率是销售收入与流动资产平均余额的比率，反映的是流动资产周转次数。其计算公式为：

$$流动资产周转次数＝销售收入/流动资产平均余额$$
$$流动资产平均余额＝（期初流动资产＋期末流动资产）/2$$
$$流动资产周转天数＝360/流动资产周转次数$$

流动资产周转率越高，说明流动资产利用效率越高，流动资产在资金周转过程中占用的时间越短。

二、利润表简单分析

一般来说，评价企业盈利能力的财务指标主要有销售净利润率、成本费用利润率、总资产报酬率等。

1. 销售净利润率

销售净利润率是企业净利润与销售收入的比率，反映企业通过销售赚取利润的能力。该指标表明企业每1元销售净收入可实现的净利润是多少。其计算公式为：

$$销售净利润率＝净利润÷销售收入×100\%$$

比率越高，企业通过销售获取收益的能力越强。当然，在进行评价时，还要注意同一企业不同时期以及不同企业之间计算指标结果的对比。

销售利润率的有关计算公式：

销售毛利率＝销售毛利÷销售收入×100%

主营业务利润率＝主营业务利润÷销售收入×100%

营业利润率＝营业利润÷销售收入×100%

销售利润率＝利润总额÷销售收入×100%

2. 成本费用利润率

成本费用利润率是企业净利润与成本费用总额的比率。它反映企业生产经营过程中，发生的耗费与获得的收益之间的关系。其计算公式为：

$$成本费用利润率＝净利润÷成本费用总额×100\%$$

成本费用利润率越高，说明企业为收益而付出的代价越小，企业获利能力越强。

3. 总资产报酬率

总资产报酬率是企业利润总额与资产平均总额的比率。该指标反映了企业综合利用资产的获利能力。其计算公式为：

$$总资产报酬率＝利润总额÷资产平均总额×100\%$$

其中：

$$资产平均总额＝（期初资产总额＋期末资产总额）/2$$

总资产报酬率越高，说明企业的获利能力越强。如果偏低，则说明企业资产利用效率较低，经营管理存在问题，应进行调整。

1. 单项选择题

（1）根据规定，（　　）是对本单位会计报表的真实性、完整性负责的。

　　A. 编表人员　　　　　　　　　B. 会计科长

　　C. 单位负责人　　　　　　　　D. 财政部门

（2）财务报表按反映的经济内容可以分为（　　）。

      A. 资产负债表、利润表、现金流量表及附表

      B. 对内报表和对外报表

      C. 资产负债表、利润表和主要商品销售情况表

      D. 单位报表、汇总报表和合并报表

（3）财务报表按提供对象可以分为（　　　）。

      A. 资产负债表、利润表、现金流量表及附表

      B. 对内报表和对外报表

      C. 资产负债表、利润表和主要商品销售情况表

      D. 单位报表、汇总报表和合并报表

（4）以下反映企业财务状况的会计报表是（　　　）。

      A. 资产负债表   B. 利润表

      C. 现金流量表   D. 所有者权益变动表

（5）（　　　）是反映企业经营成果的会计报表。

      A. 资产负债表   B. 利润表

      C. 现金流量表   D. 会计报表附注

（6）下列属于会计恒等式的是（　　　）。

      A. 资产＝负债＋所有者权益   B. 收入－费用＝利润

      C. 资产－负债＝利润   D. 资产＝负债－所有者权益

（7）下列不属于中期报告的是（　　　）。

      A. 年报   B. 月报

      C. 季报   D. 半年报

（8）下列不属于财务会计报告基本要求的是（　　　）。

      A. 真实可靠   B. 合法实用

      C. 编报及时   D. 便于理解

（9）资产负债表中负债项目的顺序是按（　　　）排列。

      A. 项目的重要性程度   B. 项目的金额大小

      C. 项目的支付性大小   D. 清偿债务的先后

（10）关于资产负债表的格式，下列说法不正确的是（　　　）。

      A. 资产负债表主要有账户式和报告式

      B. 我国的资产负债表采用报告式

      C. 账户式资产负债表分为左右两方，左方为资产，右方为负债和所有者权益

      D. 负债和所有者权益按照求偿权的先后顺序排列

（11）资产负债表中资产的排列顺序是按（　　　）。

      A. 项目收益性   B. 项目重要性

      C. 项目流动性   D. 项目时间性

（12）某企业"应付账款"明细账期末余额情况如下：应付甲企业贷方余额为 200 000 元，应付乙企业借方余额为 180 000 元，应付丙企业贷方余额为 300 000 元，假如该企业"预付账款"明细账均为借方余额，则根据以上数据计算出反映在资产负债表上"应付账款"项目的金额为（　　）元。

  A. 680 000   B. 320 000

  C. 500 000   D. 80 000

（13）资产负债表的下列项目中，需要根据几个总账科目的期末余额进行汇总填列的是（　　）。

  A. 应付职工薪酬   B. 短期借款

  C. 货币资金   D. 资本公积

（14）企业持有一年内到期的持有至到期投资应在资产负债表的（　　）项目列示。

  A. 其他非流动资产

  B. 持有至到期投资

  C. 流动资产类下单设"一年内到期的非流动资产"

  D. 交易性金融资产

（15）资产负债表中的"存货"项目，应根据（　　）。

  A. "存货"科目的期末借方余额直接填列

  B. "原材料"科目的期末借方余额直接填列

  C. "原材料""生产成本"和"库存商品"等科目的期末借方余额之和减去"存货跌价准备"等账户期末余额后的金额填列

  D. "原材料""工程物资"和"库存商品"等科目的期末借方余额之和填列

（16）某企业 2013 年 12 月 31 日结账后的"库存现金"账户余额为 30 000 元，"银行存款"账户余额为 8 000 000 元，"其他货币资金"账户余额为 20 000 元，则该企业 2013 年 12 月 31 日资产负债表中的"货币资金"项目金额为（　　）元。

  A. 8 030 000 元   B. 8 200 000 元

  C. 8 230 000 元   D. 8 300 000 元

（17）我国的利润表采用（　　）。

  A. 单步式   B. 多步式

  C. 账户式   D. 报告式

（18）（　　）是反映企业经营成果的会计报表。

  A. 资产负债表   B. 利润表

  C. 现金流量表   D. 会计报表附注

（19）编制利润表所依据的会计等式是（　　）。

  A. 收入－费用＝利润

  B. 资产＝负债＋所有者权益

  C. 借方发生额＝贷方发生额

  D. 期初余额＋本期借方发生额－本期贷方发生额＝期末余额

(20) 某企业本月主营业务收入为 1 000 000 元，其他业务收入为 80 000 元，营业外收入为 90 000 元，主营业务成本为 760 000 元，其他业务成本为 50 000元，营业税金及附加为 30 000 元，营业外支出为 75 000 元，管理费用为40 000元，销售费用为 30 000 元，财务费为 15 000 元，所得税费用为75 000元。则该企业本月营业利润为（ ）元。

  A. 170 000   B. 155 000

  C. 25 000   D. 80 000

(21) 某公司本会计期间的主营业务收入为 1 700 万元，主营业务成本为 1 190 万元，营业税金及附加为 170 万元，销售费用为 110 万元，管理费用为 100 万元，财务费用为 19 万元，营业外收入为 16 万元，营业外支出为 25 万元，其他业务收入为 200 万元，其他业务成本 100 万元，应交所得税按利润总额25%计算，其营业利润、利润总额、企业净利润分别为（ ）万元。

  A. 111、232、174   B. 211、202、151.5

  C. 356、232、74   D. 111、202、151.5

(22) 月份利润表中"本年累计数"反映的是（ ）。

  A. 期末余额   B. 本期实际发生额

  C. 截至本月末的年内累计数   D. 年初余额加本期实际发生额

2. 多项选择题

(1) 下列资料中，属于会计报表的是（ ）。

  A. 资产负债表   B. 利润表

  C. 现金流量表   D. 盘盈盘亏报告表

(2) 编制财务报表的基本要求有（ ）和报送及时。

  A. 数字真实   B. 内容完整

  C. 计算准确   D. 说明清楚

(3) （ ）统称为中期报表。

  A. 月度报表   B. 季度报表

  C. 半年度报表   D. 年度报表

(4) 不是单位对外提供的财务会计报告的责任主体，应当保证财务会计报告的真实与完整的责任人有（ ）。

  A. 单位法人   B. 出纳人员

  C. 会计科长   D. 总经理

(5) 下列表述正确的是（ ）。

  A. 资产负债表是反映企业某一特定日期的财务状况的报表

B. 利润表是反映企业某一会计期间的经营成果的报表

C. 资产负债表是反映企业某一会计期间的财务状况的报表

D. 利润表是反映企业某一特定日期的经营成果的报表

(6) 企业财务会计报告的使用者通常包括（　　）。

　　A. 现实和潜在的投资者　　　　　B. 债权债务关系人

　　C. 企业内部和上级管理人员　　　D. 政府及相关机构

(7) 财务会计报告包括（　　）。

　　A. 会计报表　　　　　　　　　　B. 财务分析

　　C. 会计报表附注　　　　　　　　D. 财务情况说明书

(8) 根据国家统一的会计制度的规定，单位对外提供的财务会计报告应当由单位有关人员签字并盖章。下列各项中，应当在单位对外提供的财务会计报告上签字并盖章的有（　　）。

　　A. 单位负责人　　　　　　　　　B. 总会计师

　　C. 会计机构负责人　　　　　　　D. 单位内部审计人员

(9) 借助于资产负债表提供的会计信息，可以帮助管理者（　　）。

　　A. 分析企业资产的结构及其状况

　　B. 分析企业目前与未来需要支付的债务数额

　　C. 分析企业的债务偿还能力

　　D. 分析企业的现金流量情况

(10) 编制资产负债表时，需根据有关总账科目期末余额分析、计算填列的项目有（　　）。

　　A. 货币资金　　　　　　　　　　B. 预付款项

　　C. 存货　　　　　　　　　　　　D. 短期借款

(11) 资产负债表中的"货币资金"项目，应根据（　　）科目期末余额的合计数填列。

　　A. 备用金　　　　　　　　　　　B. 其他货币资金

　　C. 银行存款　　　　　　　　　　D. 库存现金

(12) 资产负债表中"期末数"的资料来源是（　　）

　　A. 总账余额　　　　　　　　　　B. 明细账余额

　　C. 日记账余额　　　　　　　　　D. 备查登记账簿记录

(13) 资产负债表的下列项目中，需要根据总账科目余额减去其备抵项目后的净额填列的有（　　）

　　A. 应收账款　　　　　　　　　　B. 长期股权投资

　　C. 存货　　　　　　　　　　　　D. 固定资产

(14) 下列等式正确的有（　　）。

　　A. 营业利润＝营业收入－营业成本－营业税金及附加－期间费用－资产减

值损失＋公允价值变动收益（－公允价值变动损失）＋投资收益（－投资损失）

　　B. 期间费用＝管理费用＋销售费用＋财务费用

　　C. 利润总额＝营业利润＋营业外收入－营业外支出

　　D. 净利润＝利润总额－所得税费用

（15）利润表的特点是（　　　）。

　　A. 根据相关账户的本期发生额编制

　　B. 根据相关账户的期末余额编制

　　C. 属于静态报表

　　D. 属于动态报表

（16）利润表中的"营业税及附加"项目包括（　　　）。

　　A. 增值税　　　　　　　　　　　B. 营业税

　　C. 消费税　　　　　　　　　　　D. 资源税

3. 判断题

（1）根据规定，财务会计报告包括月度、季度和年度。　　　　　　　　　（　　）

（2）会计报表应当根据审核无误的会计账簿和有关资料编制。　　　　　　（　　）

（3）资产负债表是反映企业在一定时期内财务状况的报表。　　　　　　　（　　）

（4）编制会计报表的主要目的就是为会计报表使用者决策提供信息。　　　（　　）

（5）利润表是反映企业在一定时期经营成果的报表。它是静态报表。　　　（　　）

（6）企业以某年度 7 月 1 日至 12 月 31 日的期间编报的财务报表也是半年度财务会计报告。　　　　　　　　　　　　　　　　　　　　　　　　　　　　　　　（　　）

（7）财务会计报告包括会计报表、会计报表附注及其他应当在财务会计报告中披露的相关信息和资料。　　　　　　　　　　　　　　　　　　　　　　　　　　（　　）

（8）资产负债表的格式主要有账户式和报告式两种，我国采用的是报告式，因此才出现财务会计报告这个名词。　　　　　　　　　　　　　　　　　　　　　（　　）

（9）资产负债表是反映企业某一特定时期财务状况的会计报表。　　　　　（　　）

（10）账户式资产负债表分左右两方，左方为资产项目，一般按照流动性大小排列；右方为负债及所有者权益项目，一般按要求偿还时间的先后顺序排列。　　（　　）

（11）资产负债表中"固定资产"项目应根据"固定资产"账户余额直接填列。

　　　　　　　　　　　　　　　　　　　　　　　　　　　　　　　　　（　　）

（12）资产负债表中资产类至少包括流动资产项目、长期投资项目和固定资产项目。

　　　　　　　　　　　　　　　　　　　　　　　　　　　　　　　　　（　　）

（13）资产负债表中"应收账款"项目，应根据"应收账款"账户所属各明细账户的期末借方余额合计填列。如"预付账款"账户所属有关明细账户有借方余额的，也应包括在本项目内。　　　　　　　　　　　　　　　　　　　　　　　　　　（　　）

（14）资产负债表是总括反映企业特定日期资产、负债和所有者权益情况的动态报表，通过它可以了解企业的资产构成、资金的来源构成和企业债务的偿还能力。

                                           (   )

  （15）利润表是反映企业在一定会计期间经营成果的报表，属于静态报表。 (   )

  （16）净利润是指营业利润减去所得税费用后的金额。   (   )

  （17）营业利润是以主营业务利润为基础，加上其他业务利润，减去销售费用、管理费用和财务费用，再加上营业外收入减去营业外支出计算出来的。   (   )

  （18）根据利润表可以分析、评价企业的盈利状况并预测企业的未来的损益变化趋势及获利能力。   (   )

参考文献

［1］财政部．企业会计准则 2006［M］．北京：经济科学出版社，2006.

［2］财政部．企业会计准则——应用指南 2006［M］．北京：中国财政经济出版社，2006.

［3］财政部．企业会计准则讲解 2007［M］．北京：人民出版社，2007.

［4］财政部会计资格评价中心．初级会计实务［M］．北京：经济科学出版社，2012.

［5］财政部会计资格评价中心．中级会计实务［M］．北京：经济科学出版社，2012.

［6］葛家澍，耿金岭．企业财务会计［M］．4 版．北京：高等教育出版社，2010.